思想政治教育与教学方法创新研究

胡延华 著

中国纺织出版社有限公司

内容提要

本书围绕新时代大学生思想政治教育这一核心，以大学生思想政治教育方法为主要研究对象，以思想政治教育理论为出发点，对思想政治教育的发展、现状、特征和创新理论与策略进行了深入研究。本书结合新时代背景下先进的科学技术支持和大学生心理状态，探求思想政治教育方法创新的工作原理和本质规律，为新时代背景下思想政治教育教学方法创新的具体实践提供充分的科学理论分析依据。本书视角新颖、研究独特，勇于探索，适合从事大学生思想政治教育工作的人员参考阅读。

图书在版编目（CIP）数据

思想政治教育与教学方法创新研究/胡延华著. --北京：中国纺织出版社有限公司，2023.2
ISBN 978-7-5229-0378-1

Ⅰ.①思… Ⅱ.①胡… Ⅲ.①大学生—思想政治教育—研究—中国 Ⅳ.①G641

中国国家版本馆 CIP 数据核字（2023）第 050616 号

责任编辑：张　宏　　责任校对：高　涵　　责任印制：何　建

中国纺织出版社有限公司出版发行
地址：北京市朝阳区百子湾东里 A407 号楼　邮政编码：100124
销售电话：010—67004422　传真：010—87155801
http://www.c-textilep.com
中国纺织出版社天猫旗舰店
官方微博 http://weibo.com/2119887771
北京虎彩文化传播有限公司印刷　各地新华书店经销
2023 年 2 月第 1 版第 1 次印刷
开本：787×1092　1/16　印张：5.75
字数：115 千字　定价：98.00 元

凡购本书，如有缺页、倒页、脱页，由本社图书营销中心调换

前　言

党的十九大提出，要以培养担当民族复兴大任的时代新人为着眼点，强化教育引导、实践养成、制度保障，发挥社会主义核心价值观对国民教育、精神文明创建、精神文化产品创作生产传播的引领作用，要把社会主义核心价值观融入社会发展各方向，转化为人们的情感认同和行为习惯。高校思想政治教育秉承全员育人、全过程育人、全方位育人的思想，完善科教融合、校企联合等协同育人模式，这是中共中央、国务院对高校思想政治教育提出的新要求，也是新形势下高校思想政治理论课教学面临的新课题、新任务。

在新的形势下，高校思想政治理论课教学，面临着教育对象价值追求、思维观念、社会环境多样多变的实际情况，面临着教育领域拓展、教育内容交汇、教育方式交叉的现状，以及大学生自主性、选择性不断增强的特点。在这一情况下更需要遵循主导性和多样性相结合的原则，更需要整合校内校外各项教育资源，更需要有效整合各种教育内容、教育方法、教育理念和模式。因此，研究思想政治理论课教学模式，既是思想政治理论课教师的职责，也是社会对这门课程的期待。

本书既体现了思想政治教育学科综合性的特点，也适应了高校思想政治理论课建设的现实需要，具有现实性、创新性的时代价值。信息化时代高校办学必须遵循教育规律，努力为社会培养德才兼备的人才，这就需要将思想政治教育与社会需要紧密结合起来，在高度关注广大学生新特点的前提下，重视思想政治教育环境的变化，把握时代脉搏，提高思想政治理论课的教育教学效果。

本书内容丰富、结构完整，在编写过程中参阅了大量同领域教材及文献，在此向这些作者表示衷心的感谢。由于时间仓促及作者水平有限，书中难免存在疏漏和不足之处，恳请广大读者批评指正。

作 者

2022 年 10 月

目 录

第一章　绪论 ... 1
    第一节　高校思想政治理论课的特点与价值 ... 1
    第二节　高校思想政治理论课的教学现状 ... 6
    第三节　高校思想政治理论课教学内容的特征 ... 17

第二章　高校思想政治理论课教学方法 ... 21
    第一节　高校思想政治理论课教学概述 ... 21
    第二节　高校思想政治理论课教学的基本方法 ... 25

第三章　高校思想政治理论课教学过程 ... 43
    第一节　高校思想政治理论课程的课堂教学过程 ... 43
    第二节　社会调查设计 ... 55

第四章　高校思想政治理论课教师的素养与能力 ... 59

第五章　高校思想政治理论课实践教学模式 ... 67

第六章　高校思想政治理论课主题教育 ... 77

参考文献 ... 83

第一章

绪论

第一节 高校思想政治理论课的特点与价值

一、高校思想政治理论课的特点

（一）高度的使命感

党的十九大提出，要全面贯彻党的教育方针，落实立德树人根本任务。2016年全国高校思想政治工作会议指出，要教育引导学生正确认识世界和中国发展大势，从中国共产党探索中国特色社会主义历史发展和伟大实践中，认识和把握人类社会发展的历史必然性，认识和把握中国特色社会主义的历史必然性，不断树立为共产主义远大理想和中国特色社会主义共同理想奋斗的信念和信心；正确认识中国特色和国际比较，全面客观认识当代中国、看待外部世界；正确认识时代责任和历史使命，用中国梦激扬青春梦，为学生点亮理想的灯、照亮前行的路，激励学生自觉把个人的理想追求融入国家和民族的事业中，勇做走在时代前列的奋进者、开拓者；正确认识远大抱负和脚踏实地，珍惜韶华，把远大抱负落实到实际行动中，使勤奋学习成为青春飞扬的动力，使增长本领成为青春搏击的能量。教育部印发的《新时代高校思想政治理论课教学工作基本要求》指出，思想政治理论课承担着对大学生进行系统的马克思主义理论教育的任务，是巩固马克思主义在高校意识形态领域指导地位、坚持社会主义办学方向的重要阵地，是全面贯彻党的教育方针、落实立德树人根本任务的主渠道和核心课程，是加强和改进高校思想政治工作、实现高等教育内涵式发展的灵魂课程。

高校思想政治理论课不仅是每一位大学生的必修课程，而且具有高度的使命感。在当前高校众多课程中，没有一门课程的设置像思想政治理论课这样受到党中央的高度重视，中央政治局常委会专门研究部署了高校思想政治理论课工作，对课程设置、教材编写、学时安排等做出明确规定。因此，高校思想政治理论课高度的使命感，决定了高校思想政治理论课在高校课程体系中与众不同的特殊性。高校思想政治理论课应正确认识时代责任和历史使命，在落实立德树人根本任务方面发挥独特作用。

（二）理论结合实际

马克思主义中国化就是把马克思主义基本原理同中国具体实际和时代特征相结合，运用马克思主义的立场、观点、方法，研究和解决中国革命、建设、改革中的实际问题。高校思想政治理论课从课程性质上看是一门理论课，但理论来源于实践。因此，随着世界局势、国家发展、党的建设等方面的不断变化，理论联系实际是高校思想政治理论课教学的基本方法。高校思想政治理论课需紧密结合实际，帮助大学生正确认识马克思主义理论，帮助大学生深刻理解中国特色社会主义理论，帮助大学生科学面对当今各种社会思潮。如果高校思想政治理论课脱离实际，只从理论到理论，照本宣科，教条主义、形式主义盛行，将无法有效激发大学生的学习兴趣。

与此同时，高校思想政治理论课须理论结合实际，解决大学生的实际问题。高校思想政治理论课教学和其他专业课教学的一个显著不同，就是要引导大学生合理运用马克思主义基本原理和方法来分析和解决实际问题。例如，只有结合半殖民地半封建社会的近代史，讲清中国各阶级、各政党为挽救民族危机进行的各种道路的探索，大学生才能真正理解中国人民站起来是多么不易，才能真正理解为什么没有共产党就没有新中国，才能理解历史和人民为什么选择中国共产党；只有结合改革开放以来取得的伟大成就，特别是人民生活水平的显著提升，大学生才能切实体会为什么要实行改革开放，体会到社会主义制度的优越性，才能坚定中国特色社会主义道路自信；只有结合人民思想观念的发展变化，乃至存在的各种思想问题，大学生才能明白培育和践行社会主义核心价值观的紧迫性，才能明白中国特色社会主义文化建设的重要性。高校思想政治理论课只有贴近学生生活实际、思想实际，注重发现问题、探讨问题、解决问题，才能成为学生真心喜爱、终身受益的课程。

（三）与时俱进

从教学内容看，高校思想政治理论课必须与时俱进。马克思主义具有与时俱进的理论品质。新形势下，坚持马克思主义，最重要的是坚持马克思主义基本原理和贯穿其中的立场、观点、方法。这是马克思主义的精髓和活的灵魂。马克思主义是随着时代、实践、科学发展而不断发展的开放的理论体系，它并没有结束真理，而是开辟了通向真理的道路。高校思想政治理论课应当与时俱进地挖掘理论深度，引导学生传承马克思主义，使马克思主义不断向前发展。

从教学对象看，高校思想政治理论课必须与时俱进。目前，大学生已从"95后"发展到"00后"。在经济条件方面，"95后""00后"大学生的经济条件相较于父辈，普遍得到显著改善，尽管存在部分贫困学生，但国家通过助学贷款、奖学金、助学金、减免学费等多种方式予以资助，他们普遍衣食无忧，生活安逸，吃苦较少，对未来充满期待与信心，但存在急功近利等现象，心理素质较弱，抗挫折能力较差。在思想方面，"95后""00后"大学生受文化多元化的影响，他们思想活跃，易于接受网络中各种各样的新观念，但受历史虚无主义、功利主义等错误思潮的影响，思想容易出现问题，还未形成远大而崇高的理想信念。在学习方面，"95后""00后"大学生出于今后就业的需要，对专业课程比较重视，同时由于理论基础薄弱，学习自律性较差，旷课、迟到、上课睡觉、玩手机等现象屡见不鲜，甚至极少数学生因网瘾严重而长期宅在寝室。高校思想政治理论课要真正实现入耳、入脑、入心、入行，就应针对大学生实际情况进行因材施教。因此，高校思想政治理论课必须与时俱进地分析学情，把握当前大学生的特点、成长规律，采取"95后""00后"大学生喜闻乐见的教学措施对其进行教育教学。

从教学手段看，高校思想政治理论课必须与时俱进。随着信息化技术的快速发展，各种信息化教学手段、理念层出不穷，以教育信息化带动高校思想政治理论课教学现代化，使信息技术与高校思想政治理论课教学有效融合，是目前高校思想政治理论课教学改革的必然选择。一方面，在网络教学平台、大数据等信息化技术的支持下，高校思想政治理论课堂从"粉笔+黑板"的传统课堂发展到多媒体课堂，现今正在朝移动课堂发展，课堂教学模式的发展必然会引发学习模式的深刻变革。例如，清华大学开展思想政治课慕课教学，采用线上线下教学相结合的形式，在线开放课程、大班教学、小班讨论，激发学生对社会、人生进行更加深入的思考。北京理工大学将VR技术应用于高校思想政治理论课教学，运用虚拟现实技术为学生提供直观、形象的教学情境，使学生在虚拟环境中体验相关教学内容，从而产生一种身临其境的感觉。另一方面，由于无线网和智能手机的迅速普及，我国已经进入移动互联网时代，信息传播的速度和广度达到空前水平，高校思想政治理论课教学可以将最新的资讯引入其中，增强高校思想政治理论课的时效性。

二、高校思想政治理论课教学的价值

高校思想政治理论课是大学生的必修课，是大学生思想政治教育的主渠道、主阵地，直接关系到"培养什么样的人""如何培养人"以及"为谁培养人"的根本性问题，高校思想政治理论课对学生的价值主要体现为以下三点。

(一)告别迷茫,树立理想信念

对于大学的学习和生活,有这样一种对比:高中时代,每天课很多,但仍有时间做自己喜欢的事,大学里每天课不多,但总没时间做自己喜欢的事;高中时代,教室一下课很热闹,大学里教室一下课很沉闷;高中时代,朋友之间嘴上很不客气,其实很要好,大学里朋友之间嘴上特别客气,其实未必多好;高中时代,累并快乐着,大学里,忙却迷茫着……为什么部分大学生常感叹大学生活的无聊?为什么部分大学生沉迷网络游戏?为什么大学生遇到困难习惯放弃?为什么部分大学生进校后不久就申请退学?究其原因,是大学生对自己的未来发展缺乏合理规划,没有树立远大的理想和坚定的信念。

《现代汉语词典》对理想的定义是:"对未来事物的想象或希望(多指有根据的、合理的,和空想、幻想不同)。"对信念的定义是:"自己认为可以确信的看法。"大学生对未来的工作、生活等有自己的期望,比如,找一份体面的工作、买车、买房等,将理想局限于个人理想,忽视社会理想。更为严重的是,这些个人理想常常脱离自身实际,并急于求成。例如,2015年某媒体对大学毕业生进行期望月薪调查,超过四成的大学生对薪资期望为8000～10000元,一名网友留言道:"活在不切合实际的现实中,显得格外幼稚与可笑。"可见,大学生容易将这些期望演变为空想、幻想。当这些严重脱离实际的空想、幻想在现实社会中无法实现时,大学生只能无奈地放弃,部分大学生还唯心地将原因归结于命运不济、社会不公,陷入自暴自弃中。理想因其远大而为理想,信念因其执着而为信念。大学生没有远大理想,自然难有信念。

大学生应建立怎样远大的理想和信念?理想和信念的形成不是一蹴而就的,需要对大学生进行系统的教育。高校思想政治理论课的性质、内容决定了它对大学生的理想信念教育有不可替代的作用和义不容辞的责任。只有高校思想政治理论课才能引导大学生认识到,共产主义是人类社会发展客观规律的必然趋势和最终指向,只有高校思想政治理论课才能结合我国国情帮助大学生理解中国特色社会主义是实现社会主义现代化和中华民族伟大复兴中国梦的必由之路,只有高校思想政治理论课才能启发大学生将个人理想与社会理想有机结合,只有高校思想政治理论课才能激发大学生树立为共产主义远大理想和中国特色社会主义共同理想而奋斗的信念。

(二)认识世界,适应社会发展

达沃斯世界经济论坛2017年年会开幕式的主旨演讲中提到:"'这是最好的时代,也是最坏的时代'——英国文学家狄更斯这样描述工业革命发生后的时代。今天,我们也生活在一个矛盾的世界中。一方面,物质财富不断地积累,科技进步日新月异,人类文明发展到历史最高水平;另一方面,地区冲突频繁发生,恐怖主义、难民潮等全球性挑战此起彼伏，贫困、失业、收入差距拉大……世界面临的不确定性上升。对此，许多人感到困惑——这个世界到底怎么了？"当前相当一部分大学生习惯于以自我为中心，当他们面对错综复杂的世界时，更容易产生困惑。在这种困惑下，大学生容易产生两种消极倾向：一是避世。世界太复杂，与人交往太麻烦，于是选择逃避现实世界，活在一个人的世界里。近些年，大学生中的宅男宅女现象就是避世态度的典型体现，从早到晚，能不出门就尽量不出门，一个人自娱自乐，长此以往，大学生会变得越来越冷漠，越来越孤僻。二是愤世。部分大学生过于看重自身利益与诉求，如住宿环境、网络配置、奖学金评比、学生干部竞选、就业、收入差距等，一旦未被满足，就会对社会产生失望情绪，进而偏激地看待社会，充满攻击性。特别是随着互联网的发展，由于网络的虚拟性，可以匿名发表各种各样的言论，这样使一些大学生认为无须对自己的言论负责，想说什么就说什么，因而将现实的愤世情绪发泄到网络。他们在微博、贴吧等网络平台上用语言侮辱、诬陷、攻击他人，挑起争端，甚至通过人肉搜索，严重侵害他人的隐私权，形成网络暴力。

如何认识客观世界？在高校众多课程中，只有高校思想政治理论课才能用唯物辩证法引导大学生从宏观到微观，从理论到现实，把握我们所生活的世界的本质和发展规律。比如，唯物辩证法告诉我们矛盾是普遍的，只有在此基础上，大学生才能理性面对国家与国家之间的利益争端，才能理性面对我国社会存在大学生就业难、高房价、留守儿童等一系列社会问题。又如，唯物辩证法告诉我们在观察和处理任何事物或诸多矛盾时，必须善于抓住主要矛盾，集中力量解决主要矛盾，只有在此基础上，大学生才能深刻理解在中国特色社会主义进入新时代时，我国社会主要矛盾已经转化为人民日益增长的美好生活需要和不平衡不充分的发展之间的矛盾，理解为解决主要矛盾所采取的各项改革措施，并接受解决主要矛盾是一个复杂且长期的过程。物竞天择，适者生存。大学生只有理性分析、认识客观世界，才能抓住世界发展的潮流，主动适应社会发展。

（三）坚守底线，学会做人做事

孟子的"无恻隐之心，非人也；无是非之心，非人也"，告诉我们做人做事要有不可踩更不可越的底线。大学生作为接受高等教育的群体，从总体上看是积极向上的，但他们的底线意识不强，违法乱纪行为时有发生，却是不争的事实。一些大学生的行为会突破做人做事的底线，这是一个十分危险的信号，如果不及时采取有效教育措施，导致的直接后果就是丧失羞耻感，强化人际间的心理戒备，失信于社会，蔑视教育者，亵渎文明，紧随而来的是沦丧道德，触犯法律，走向堕落直至自我毁灭。这将会严重影响大学生的健康成长，甚至会危及整个社会的稳定与发展。高校思想政治理论课可通过教学从道德、法律两个方面帮助学生明确做人做事最基本的底线。

就高校学生道德教育而言，必须在学生和教师、时间和空间、意义和情景、过去和未来之间建立扎根生活的、生动的联系，找到其生活的本义，回归生活，才能使道德教育拥有真正的生命与活力之源。高校思想政治课教学将从注重道德传承、遵守道德规范两个层面使学生明白道德的内涵。中华民族优良道德传统强调的"仁者爱人""己所不欲，勿施于人""先天下之忧而忧，后天下之乐而乐""人而无信，不知其可也"，社会主义道德强调以为人民服务为核心、以集体主义为原则。思想政治理论课教师在教学时可用典型案例避免空洞的说教，以情动人，比如组织学生观看中央电视台制作的《感动中国》节目，感受震撼心灵的道德力量。高校思想政治课教学不仅可以系统地向学生传授道德知识，而且侧重于联系现实生活，引导大学生从考试诚信、尊敬师长、按时上课等具体行为中逐步将社会公德、职业道德、家庭美德、个人品德内化于心，外化于行，从而有效消除当今社会主义市场经济环境下纷繁复杂的利益困扰，不迷失本心，坚守道德底线。

就大学生法律教育而言，主要包括三个方面：一是学习宪法法律，把握法治体系。截至 2021 年 8 月，我国现行有效的法律已有 286 部，行政法规 600 多件、地方性法规 1.2 万件，中国特色社会主义法律体系越来越完善，我国在政治、经济、文化、社会生活各个方面都实现了有法可依。二是树立法治观念，尊重法律权威。要深入开展法治宣传教育，弘扬社会主义法治精神，增强全民法治观念，引导群众遇事找法、解决问题靠法，逐步改变社会上那种遇事不是找法而是找人的现象。要使大学生自觉依靠法律来解决问题。三是行使法律权利，履行法律义务。如何解决打工时遇到的纠纷？如何签署劳动合同？高校思想政治理论课可针对学生遇到的现实问题，使学生学会运用法律捍卫自身的权利，达到守法和用法的目的。

第二节　高校思想政治理论课的教学现状

高校思想政治理论课是高校思想政治工作的主要途径和主阵地。高校思想政治理论课教学的效果，直接影响大学生正确思想认识的形成、科学文化知识的掌握以及开拓创新思维的培养。党和国家一直对高校思想政治理论课高度重视，全国高校思想政治工作会议强调："要用好课堂教学这个主渠道，高校思想政治理论课要坚持在改进中加强，提升思想政治教育亲和力和针对性，满足学生成长发展需求和期待，其他各门课都要守好一段渠、种好责任田，使各类课程与高校思想政治理论课同向同行，形成协同效应。"为深入贯彻落实全国高校思想政治工作会议精神，教育部将 2017 年定为"高校思想政治理论课教学质量年"，以提高高校思想政治理论课质量和水平。

一、大学生眼中的高校思想政治理论课教学

为深入了解大学生对高校思想政治理论课的看法，笔者从高校思想政治理论课的教学效果、课堂教学情况、师生关系、学习资料、对教学信息化的态度等方面制定调查问卷，通过网络调查的方式，对不同专业的 200 名大学生进行了抽样调查，回收有效调查问卷 196 份。

（一）高校思想政治理论课的教学效果

第一，是否喜欢上高校思想政治理论课？喜欢高校思想政治理论课的学生占 46.4%，持一般态度的占 48.5%，这说明绝大多数大学生都能接受思想政治课教学，但喜欢的比重还有待提升。持无所谓态度的占 3.1%，持反感态度的占 2.0%，这说明尽管对高校思想政治理论课教学持无所谓、反感态度的比例很低，但高校态度的思想政治理论课教学需要进一步激发学生的学习兴趣，争取消除学生反感情绪。

第二，高校思想政治理论课是否有利于你的发展？认为高校思想政治理论课有利于自身发展的占 71.9%，这说明大多数大学生能正确认识高校思想政治理论课教学的作用。持一般态度的占 20.4%，持不清楚态度的占 6.6%，持没有用态度的占 1.0%，这说明高校思想政治理论课教学需要针对学生实际，帮助学生成长成才。

第三，高校思想政治理论课是否帮助你消除了思想困惑？认为高校思想政治理论课对消除思想困惑有帮助的占 15.3%，比例较低，认为对消除思想困惑没有帮助的占 8.7%，比例相对较高，这说明高校思想政治理论课的知识体系对于理论基础薄弱、学习习惯不佳的大学生而言，学习难度较大，同时也说明了高校思想政治理论课教学的针对性不强，忽视了大学生的思想困惑。

第四，目前高校思想政治理论课的教学方法能否激发你的学习兴趣？认为目前高校思想政治理论课的教学方法能激发自身学习兴趣的占 62.2%，这说明当前高校思想政治理论课教学普遍采用的讲授法、案例法等教学方法效果差强人意。认为其不能激发自身学习兴趣的占 22.4%，这说明结合时代发展和学生新特点，与时俱进地研发新的教学方法，是高校思想政治理论课教师的一个中心工作。持不清楚态度的占 15.3%，这说明部分大学生未能感知不同教学方法的效果，参与课堂教学程度低。

第五，除教师素质外，提高高校思想政治理论课教学实效亟待解决的是什么？认为提高高校思想政治理论课教学实效亟待解决的是理论联系实际，解答当前的热点、难点的学生占比为 46.9%，其次是加强社会实践环节，学生占比为 25.5%，这说明大学生要求改变目前高校思想政治理论课普遍局限于纯理论教学的现状，加强理论联系实际，加强实践教学，这对高校思想政治理论课教学提出了更高的要求。

（二）高校思想政治理论课课堂教学情况

第一，高校思想政治理论课课堂的氛围是怎样的？认为高校思想政治理论课课堂氛围活跃的占81.6%，这说明绝大多数大学生学习高校思想政治理论课的心态相对比较放松，学习压力小，愿意参加课堂讨论、辩论等活动，这是进一步激发大学生学习兴趣的良好基础。

第二，大班教学对高校思想政治理论课教学效果有影响吗？认为大班教学对高校思想政治理论课教学效果有影响的占59.7%，这说明目前高等院校少则近百人多则数百人的大班教学，存在不利于师生交流沟通、不利于教学秩序的维护等突出问题，极大地影响了高校思想政治理论课的教学效果，应通过增强师资队伍、改善教学场地等有效措施，将大班教学调整为小班教学。

第三，高校思想政治理论课课堂纪律如何？认为高校思想政治理论课课堂纪律良好的占72.4%，这说明高校思想政治理论课课堂教学纪律整体情况较好，高校思想政治理论课教师能践行教书育人、管理育人，对大学生上课睡觉、玩手机等违纪情况进行有效管理，净化学习环境，有利于营造良好的学风。

第四，高校思想政治理论课教师与学生互动的情况是怎样的？认为高校思想政治理论课教师能与大多数学生进行互动的占73.5%，这说明大多数高校思想政治理论课教师注重在课堂教学过程中与学生进行互动，体现了以学生为主体，引导学生积极参与教学的教学理念。认为只与一部分同学进行互动的占19.9%，只与少数个别同学进行互动的占6.6%，这说明高校思想政治理论课教师在互动方式方面需要改革，需要借助信息化教学载体使更多大学生体验到与教师进行教学互动的快乐。

第五，下列教学模式，你会选择哪一种？选择"多媒体+PPT"教学模式的占64.8%，选"黑板+粉笔"教学模式的占7.7%，这说明在近20年内，"多媒体+PPT"教学模式已逐渐取代"黑板+粉笔"教学模式，成为学生接受的主流教学模式。选择"手机+网络教学空间"教学模式的占27.6%，这说明随着信息化发展，"手机+网络教学空间"教学模式逐渐得到学生认可，在不久的将来可能成为高校思想政治理论课教学的主流模式之一。

第六，下列讨论模式，你会选择哪一种？选择"课堂面对面讨论"的占56.1%，选择"在网络中进行讨论"的占43.9%，两种讨论模式基本各占一半，这说明"课堂面对面讨论"模式有利于理解沟通，具有现场感强的特点，但也存在受时间限制，参与人数较少等弊端；"在网络中进行讨论"模式则具有在同一时间使所有学生都能发表自己的观点等优势。高校思想政治理论课可结合两种教学模式，扬长避短，组织学生进行深入研讨。

第七，当前的思想政治课考核方式合理吗？认为当前的思想政治课考核方式合理的占77.0%，认为不合理的仅占7.7%，这说明从小学到中学，受长期的应试教育影响，大学生对沿袭传统应试教育的高校思想政治理论课考核模式已形成被动适应，高校思想政治理论课应从侧重知识考核转变到知识、能力、素质考核并重，通过考核引导学生在学习理论知识的基础上，提升爱国主义等素质，增强理论联系实际等能力。

（三）高校思想政治理论课师生关系

第一，是否记得大学期间所有教过你的高校思想政治理论课教师的姓名？记得大学期间所有教过自己的高校思想政治理论课教师姓名的占61.0%，记得部分的占37.4%，这说明高校思想政治理论课教师在展现个人魅力、增强与学生联系等方面需要改进。全部不记得的占1.5%，这说明极少数大学生对高校思想政治理论课教师漠不关心，如何加强与这一部分学生的联系，是高校思想政治理论课教师今后亟待解决的一个重点工作。

第二，是否希望与高校思想政治理论课教师沟通交流？希望与高校思想政治理论课教师沟通交流的占50.5%，无所谓的占37.8%，不需要的占11.7%，这表明希望与高校思想政治理论课教师沟通交流的比例不高，无所谓、不需要的比例过高。一方面，说明高校思想政治理论课教师与学生之间的沟通存在明显问题，高校思想政治理论课教师在"亲其师，信其道"方面仍需努力，特别是要通过加强与学生的思想交流等方式与其建立良好的师生关系，只有良好的师生关系才能使学生用良好的情绪去开展高校思想政治理论课学习；另一方面，说明部分大学生受到信息化的负面影响，内心越来越封闭，存在一定程度的沟通障碍。

第三，希望通过哪种方式与高校思想政治理论课教师进行互动？希望通过面对面方式与高校思想政治理论课教师进行互动的占42.3%，希望通过QQ、网络空间等方式与高校思想政治理论课教师进行互动的占39.3%，这说明身为网络原住民的"95后""00后"大学生已习惯通过QQ、网络空间等信息化载体进行互动，通过将QQ、网络空间等信息化载体引入高校思想政治理论课教学，可以增强高校学生与教师进行互动的积极性。

（四）高校思想政治理论课学习资料

第一，你会主动阅读思想政治课教材吗？会经常主动阅读思想政治课教材的占15.8%，从不主动阅读思想政治课教材的占23.5%，从不主动阅读的比例明显高于经常主动阅读的比例，大多数大学生只是偶尔主动阅读。一方面，说明大学生学习目标不够明确，主动学习的积极性不高；另一方面，说明现在的高校思想政治理论课教材对于理论基础薄弱的大学生而言，存在水土不服现象，需要针对大学生实际，改变本、专科同学共用一本教材的现状，出版适应各类大学生的高校思想政治理论课教材。

第二，高校思想政治理论课学习资料，你最喜欢的形式是哪种？高校思想政治理论课学习资料，大学生最喜欢的形式是视频，占 45.9%，其次是图文并茂，占 44.4%，传统的文字形式，仅占 9.7%。这说明高校思想政治理论课教师可通过制作微课视频资料、图文并茂的案例资料等，激发大学生的学习兴趣。

（五）大学生对高校思想政治理论课教学信息化的态度

第一，面对浩瀚的网络资源，你是否有选择困难？面对浩瀚的网络资源，有选择困难的占 66.8%，没有选择困难的占 33.2%，这说明资源丰富且查找便利的网络资料有利于学生进行高校思想政治理论课自主拓展学习，但面对浩瀚的网络资源，大多数大学生存在选择困难，高校思想政治理论课教师应指导学生合理运用网络资源。

第二，如果手机作为参与教学的载体，你喜欢吗？如果手机作为参与教学的载体，选择喜欢的占 41.8%，选择一般的占 42.3%，这说明学生对手机作为参与教学的载体的接受程度高，高校思想政治理论课教师应引导学生充分运用手机作为学习工具，理性使用手机，杜绝课堂低头族。

第三，如果高校思想政治理论课教师建立了网络教学空间，你愿意去浏览吗？选择愿意浏览高校思想政治理论课教师网络教学空间的占 45.1%，选择一般的占 45.1%，这说明绝大多数大学生能够接受高校思想政治理论课教师的网络教学空间。网络教学空间可作为课前导学、课堂教学、课后辅导的载体，这是高校思想政治理论课教师开展信息化教学探索的坚实基础。

第四，是否能接受先通过网络资源进行自学，然后再结合相关问题开展研讨的学习模式？选择能接受先通过网络资源进行自学，然后再结合相关问题开展研讨的学习模式的占 64.8%，不能接受的占 12.2%，无所谓的占 23.0%，这说明大多数大学生愿意接受基于网络资源的先学后教模式，高校思想政治理论课教师应改变传统的灌输式、讲授式等教学方法，开展以学生为主体的研讨式教学方法改革。

二、高校思想政治理论课教学存在的主要问题

世界银行发布的《2018年世界发展报告》指出全球教育正在面临"教学危机"，表现为青少年虽然在上学，但却没有学到知识，浪费了时间和自我发展的机会。高校思想政治理论课在一定程度上也存在教学危机，如果不及时采取有效措施改变教师教学缺乏创新、学生学习缺乏积极性、教材编写缺乏吸引力、教学实施缺乏针对性等问题，这种教学危机将越来越严重。

（一）教师教学缺乏创新

1. 教师的教学创新动力不足

高校思想政治理论课教师的教学创新动力不足，存在一种教案可以长期不更新、单向的讲授式教学方法可以多年不改、拒绝将各种信息化载体运用到课堂等现象。造成教师教学创新动力不足的主要原因有：一是工作量大。与完善的专业课师资队伍配备相比，高校思想政治理论课师资队伍普遍比较紧张，且教师教学工作量偏大，有的教师每年要教学700多课时，有的教师一天要上8节课，有的教师自嘲为教书匠，教学从脑力劳动变成了体力劳动，而疲于应付。二是职称导向的偏向。目前，高校职称评审指标是以荣誉称号、竞赛、论文、课题、专著等数量和等级为核心的评审体系。因为教师的教学水平难以量化，所以教学水平在高校职称评审指标中基本没有体现，简言之，高校职称评审体系就是"重科研、轻教学"。与此同时，高校教师的工资体系普遍与职称挂钩，收入差距明显。这种职称评审体系使高校思想政治理论课教师为了评职称将大量的时间、精力投入科研工作中，忽视教学工作，甚至出现一些高校思想政治理论课教师为在职称评审时加分而申报不少专利成果的现象。三是部分教师进取心不足。随着我国经济的快速发展，国家对职业教育财政投入的大幅增加，近十年来，高校思想政治理论课教师的收入不断提高，但部分教师追求享受物质生活，产生精神懈怠。

2. 教师的教学创新能力不强

在教学环境、教学对象、教学手段等日新月异的背景下，高校思想政治理论课教师的教学创新能力不强已经成为一个普遍问题。一方面，受相对封闭的校园环境影响，高校思想政治理论课教师往返于家庭和校园，两点一线，容易脱离社会发展，变得因循守旧，墨守成规，视野受限，创新意识薄弱；另一方面，受所学专业影响，高校思想政治理论课教师对新兴的信息化技术发展关注度低，同时又缺乏信息化技术培训，因此对于网络教学空间、微课制作、基于大数据的数据分析等知之甚少，难以将最新的信息化技术运用到高校思想政治理论课教学中，难以在教学方法、教学互动、教学考核等方面实现创新，只能停留在目前通用的"PPT+讲解"教学模式。

（二）学生学习缺乏积极性

1. 高校学生理论基础薄弱

进入大学学习后，学生自觉阅读马克思主义经典理论著作、中国特色社会主义理论著作等书籍的比例极低，无法通过主动阅读理论著作提升自身理论基础。此外，大学生每天上网的时间较长，主要是玩网络游戏、看娱乐视频、交友聊天等，很少阅读网络上的时政新闻报道、论文等电子理论学习资料。可见，进入大学后学生虽然自主学习的时间增多，理论学习的条件得到改善，但是长期的应试教育使他们形成了高校思想政治理论课学习就是死记硬背的印象，对高校思想政治理论课学习不自觉地从心理上产生了排斥感，造成以前中学阶段靠机械记忆暂时掌握的理论知识不仅没有得到巩固加强，反而遗忘殆尽。大学生理论基础薄弱，如果高校思想政治理论课教师在教学中仍旧单纯强调理论知识体系的讲授，学生在高校思想政治理论课学习过程中会产生强烈的枯燥感，导致教学效果不佳。

2. 大学生学习目标功利化

随着我国经济快速发展、社会快速转型、社会思潮快速多元化，功利主义对高校的冲击越发剧烈，大学生越发浮躁和急功近利，他们常常忽视事物发展的客观规律，追求快速成功之道。从进入大学前选择专业开始，普遍的标准是"好就业、工资水平高"，不考虑自己的学习基础，也不考虑自己的兴趣爱好。开始大学学习后，大学生对本专业的课程高度重视，认为是今后事业发展的基础，希望能在短时间内掌握一定的专业技能，所以他们学习认真，能自觉完成专业课教师布置的各项学习任务，课后能自主进行拓展学习，并热衷参加各种技能考证。与此形成鲜明反差的是，大学生对高校思想政治理论课等公共基础课普遍不重视，部分学生不能正确认识高校思想政治理论课对自身发展的积极作用，反而存在"我今后不从政，高校思想政治理论课讲授的理论与自己无关""老实人吃亏，高校思想政治理论课讲的诚信等价值观与社会发展脱节，已经过时了""学好高校思想政治理论课不能帮我找到一份好工作"等一些错误想法。大学生学习目标功利化，致使大学生认为高校思想政治理论课不需要认真学习，考试及格就好，因此高校思想政治理论课成为学生上课玩手机、睡觉、旷课等违纪行为发生的重灾区。

（三）教材编写缺乏吸引力

1. 内容理论性过强

目前，除了"形势与政策"课程没有统编教材外，全国高校都在统一使用高等教育出版社出版的马克思主义理论研究和建设工程重点教材。这些教材集中了大量权威专家参与编写，从2007年出版以来，多次修订，具有科学性、规范性、政治性、系统性、时代性。但对大学生而言，存在内容理论性过强这一突出问题。教材对相关理论的论述过于学术化，过于强调理论的全面论述和深入剖析，大学生阅读起来生涩难懂，仅仅看了几行之后，就会因看不懂而无法继续阅读下去。进行了一个学期的高校思想政治理论课学习之后，大学生相关教材上没有一处学习笔记，教材如同新书的现象并非个例。高校思想政治理论课教师在教学过程中，面临的一个严峻挑战就是如何将逻辑严密的教材体系转化为学生喜闻乐见的教学体系。

2. 展现形式单一

高校思想政治理论课教材展现形式单一，主要表现在：一是长篇累牍。目前，绝大多数大学生都是伴随互联网成长的，喜欢阅读的是如微博一样140字左右通俗易懂的短文。高校思想政治理论课教材数十万字，打开教材进入视线的是一个章节接一个章节的大幅论述，观点表达不够简洁明了。这种大篇幅论述会使大学生在正式进行高校思想政治理论课学习之前，因冗长的教材而对今后的学习产生畏惧心理。教材应该适当减少篇幅，突出重点。二是理论性论述过多。教材没有一个表格，没有一张图片，既不形象又不生动。教材缺少案例材料，脱离中国发展具体实际和学生现实生活，抽象而空洞的理论论述对大学生产生的教育效果甚微。教材应该以小见大，将精深广博的理论融入形式多样的文字、视频等案例中，只有讲事实、摆道理，才能以理服人。

（四）教学实施缺乏针对性

1. 教学计划制订过程中供求错位

高校思想政治理论课教学吸引力不强，尚未摆脱空洞说教、枯燥乏味的课程形象，严重影响课堂教学质量，一个重要原因在于教学计划的制订过程中发生了供求错位。原本应以学生的需求为主，却错位为教师主导，教师错把学生看成是简单的被动的知识接受者和品德的塑造对象。一堂课的教学计划主要包括教学目标的制定、教学内容的设计、教学方法和教学手段的选择等。通常情况下，高校思想政治理论课教师依据教学大纲制定教学目标，根据教材确定教学内容，然后在分析教学目标和教学内容的基础上选择教学方法和教学手段，在这一过程中，往往忽视了学生的实际需要。教师在分析学情时更多的是凭主观经验估计学生已有的知识水平、能力水平、素质状况，猜测学生的需求，结果必然出现学生感兴趣的、薄弱的知识点教师一带而过，而学生已掌握的知识教师却精讲细讲的情况，从而造成供给与需求的错位。

2. 课堂教学过程中沟通不畅

高校思想政治理论课教学不是一个被动的"填鸭式"过程，而是一个互动过程。其活动的主体是教师和学生，只有教师和学生两个活动主体在课堂中实现了有效沟通，高校思想政治理论课的实效性才能得到保障。现在高校思想政治理论课基本上采取中班教学，甚至存在大班教学情况，人数较多，容易导致沟通不畅，主要表现在三个方面：一是在认知沟通中，只有单方面的教师向学生传授知识，学生处于被动接受地位，教师不能及时掌握学生的学习状态，只能按照教学计划按部就班地授课，演化成"我说你听、我打你通"的灌输式教学；二是在情感沟通中，不了解学生的内心世界，习惯于师道尊严，以居高临下的姿态教育人，造成师生双方情感交流的阻塞，情不通，理不达，情感相悖，学生情感上产生心理障碍，师生在思想上就无法产生共鸣，学生不亲其师，自然不能信其道；三是在人格沟通中，未认识到人格的力量是高校思想政治理论课教学的法宝，教师没有注重发挥自身的人格魅力，学生认为教学乃至教师个人都不符合自己的人格理想，从而不愿意关注教师所传授的内容，也就不能摆脱和超越自己旧有的某些心理影响，其教育教学效果必然大打折扣，甚至产生零效果。

3. 教学效果考核不到位

考核是教学体系中的一个重要环节，也是体现教学理念最明显的教学活动。现今高校思想政治理论课教学效果考核存在三个错误倾向：一是考核内容片面化。我国传统思想政治教育评价体系普遍存在注重静态结果，忽视教育过程，评价目标不灵活等倾向。一般通过考试成绩和平时作业及课堂表现来进行，其评价指标往往注重对学生掌握知识多少的考核，而对学生能力和素质考核较少，无法有效检测大学生运用理论分析和解决问题的能力，也无法有效检测大学生的理想、信念等思想状况。二是考核主体单一化。教师具有评价的绝对权利，是评价的唯一主体，教师将主要精力投入高校思想政治理论课教学中，难以掌握学生学习的全面信息，考核时随意性问题较突出，考核的全面性、公平性、准确性得不到保障。三是考核导向作用弱化。考核结果仅仅作为评定高校思想政治理论课成绩的依据，没有及时跟学生进行反馈，更缺乏激励学生改进的机制，不利于引导学生自我评价、自我教育，也不利于激发学生思想政治素质的提高及科学世界观、人生观、价值观和道德观的形成。

三、信息化时代高校思想政治理论课面临的挑战与机遇

随着信息化的快速发展，高校思想政治理论课面临着严峻的挑战，与此同时，也面临着前所未有的机遇。厘清信息化时代背景下高校思想政治理论课面临的挑战与机遇，有助于高校思想政治理论课运用信息化手段深入进行教学改革，也有助于显著增强高校思想政治理论课的时效性和实效性。

（一）信息化时代高校思想政治理论课面临的挑战

1. 多元化思潮对高校思想政治理论课的挑战

当前，我国正处在经济全球化、政治多极化、文化多元化深入发展的世界格局中，面临着社会思潮多元多样多变、交流交融交锋的新形势。与以往不同的是，在网络环境下，信息自由流动实现即时化，政府信息"把关人"的地位相对弱化，各种社会思潮通过

网络论坛、微博、短视频平台等信息化载体可以在短时间内快速而广泛地传播。特别是一些所谓的公共知识分子，利用拥有众多粉丝的"微博大V"身份，凭借其在网络中拥有较大的话语权和影响力，鼓吹各种错误的社会思潮，如历史虚无主义，对董存瑞炸碉堡、狼牙山五壮士、邱少云火中捐躯、雷锋日记等肆意歪曲；极端个人主义，为了满足一己私欲而不惜损害他人和社会利益；新自由主义，过分宣传绝对的个人自由等。他们用极具颠覆性的观点和煽动性的语言，否定我国历史，质疑中国特色社会主义道路。这些反马克思主义、社会主义的错误主张和社会思潮，对涉世未深、免疫力不足的青年大学生产生了较大的迷惑性和危害性。在追求个性和颠覆的名义下，部分青年大学生盲目接受相关错误观念，出现理想信念退化、价值取向低俗化、社会责任感弱化等现象。这些深受社会思潮影响的青年大学生在高校学习思想政治理论课时，常常带着先入为主的观点，对高校思想政治理论课讲授的新民主主义革命历史，社会主义核心价值观，中国特色社会主义道路自信、理论自信、制度自信、文化自信等容易产生怀疑，甚至偏激地认为高校思想政治理论课"假大空"。高校思想政治理论课如何消除多元化思潮的消极影响，需要引起高校思想政治理论课教师的高度重视和警觉。

2. 现实社会问题对高校思想政治理论课的挑战

当前我国经济社会发展呈现出改革攻坚期、发展关键期、矛盾凸显期"三期叠加"的阶段性特征，特别是随着改革的不断深入，我国改革开放已经进入攻坚期、深水区，涉及的利益面越来越广，触及的深层次矛盾越来越多。大学生对涉及民生的分配制度、住房、医疗、就业等社会问题非常关注，通过网络可以快速获取相关社会问题的最新信息。大学生对收入差距、高房价、看病贵、就业难等问题感到疑惑，但是由于缺乏社会阅历，对许多社会问题知其然而不知其所以然，无法通过自主分析找出正确的原因。因此，大学生希望高校思想政治理论课能够帮助他们解决因现实社会问题产生的思想困惑。可是，相当一部分高校思想政治理论课教师对学生关注的社会问题避而远之，漠视学生的思想需求，只是照本宣科地灌输理论。当大学生从高校思想政治理论课得不到满意答案时，他们会认为高校思想政治理论课所讲授的理论脱离社会实际，认为上这些课没有用，从而产生逆反心理，这会降低高校思想政治理论课的可信度，在很大程度上影响高校思想政治理论课教学的实效性。

3. 课堂低头族对高校思想政治理论课的挑战

随着智能手机和无线网络的快速普及，大学生人人持有一部可随时上网的手机。由于自控能力差，部分学生每天手机不离手，沉迷其中。他们每天起床后的第一件事情是玩手机，睡觉前的最后一件事情是玩手机，上课也忙着刷朋友圈、看小说、逛论坛、网络购物、看视频、打游戏，成为课堂低头族。课堂低头族可以为了学分按时来上课，但进入教室后喜欢坐在教室后排，然后默默地玩手机，无视教师和其他同学的存在。不管高校思想政治理论课教师如何讲、讲什么，课堂低头族一概不听，当被点名要求回答相关课堂问题时，往往带着混沌不清的眼神问道："老师，能不能再讲一遍问题？"使本应是思想交流的高校思想政治理论课课堂变成了教师的独角戏。课堂低头族不仅自己学习效果为零，而且严重影响了高校思想政治理论课课堂的学习氛围，周围同学的学习状态，以及授课教师的教学情绪，致使高校思想政治理论课教学质量严重下降。目前，针对课堂低头族现象，有的高校推行"无手机课堂"建设，即以班级为单位在课前统一上交手机；有的高校要求任课教师将学生使用手机情况纳入学生学习成绩考核，这些措施立足于堵，但堵不如疏，因此效果不甚理想。

（二）信息化时代高校思想政治理论课面临的机遇

1. 丰富的信息资源有利于充实高校思想政治理论课教学资源

伴随互联网传播技术的迅猛发展，当今社会已进入信息爆炸的时代，各种各样的信息呈几何级别的速度增长，并铺天盖地地融入人们的生活、工作中。虽然面临着信息选择困难、低俗信息等问题，但是丰富的信息资源可以有效改变高校思想政治理论课枯燥乏味的尴尬局面，高校思想政治理论课教师应充分运用这些信息资源辅助教学。一是从网络下载制作精良的微视频使教学变得更加直观。二是从网络选用最新的新闻事件使教学变得更加新鲜。例如，通过"不放爆竹，就少了年味儿？"这则新闻分析如何改变传统观念进行生态文明建设，通过新闻"见字如面24年，铁路夫妻的24万字情书"分析社会主义核心价值观的敬业，通过新闻"农民工被公交车司机拒载，受歧视的还有什么？"分析如何构建社会主义和谐社会等。三是引导学生参与网络讨论使教学变得更加接地气。例如每年两会期间，人民网强国论坛都会开设"我有问题问总理"专题栏目，教师可引导学生将想说的心里话、想问的问题向总理提。如此，大学生能体验到参政议政的真实感受，理性思考我国存在的一系列社会问题，更能激发他们积极参与中国特色社会主义社会建设的热情。

2. 即时的互动方式有利于密切高校思想政治理论课师生关系

清华大学原校长梅贻琦在《大学一解》中曾这样形象地论述师生关系："学校犹水也，师生犹鱼也，其行动犹游泳也，大鱼前导，小鱼尾随，是从游也。从游既久，其濡染观摩之效自不求而至，不为而成。"可见，只有良好的师生关系，高校思想政治理论课才能达到理想的教学效果，正所谓"亲其师，信其道"。令人遗憾的是，目前相当一部分学生不记得高校思想政治理论课教师的姓名，师生关系冷漠已成为大学校园的一个痛点。究其原因，在课堂上，高校思想政治理论课教师面对百人以上的大课堂，往往只能与极少数同学互动。在课外，因为大学教师不用坐班且很多教师住在校外，学生即使想向教师请教也难以在第一时间找到教师,所以课后师生之间的交流几乎为零。因此,互动方式的限制已成为阻碍师生关系的一个突出问题。高校思想政治理论课教师将微信、QQ、网络论坛等大学生喜闻乐见的互动方式引入高校思想政治理论课教学中,便可打破时空限制,密切师生之间的关系。教师可建立网络教学平台,在课堂教学过程中为每位学生提供随时发表见解的机会,便于师生围绕相关问题进行教学互动。教师还可以向学生公布自己的微信、QQ、邮箱,方便学生在课后随时随地联系教师。

3. 大数据有利于增强高校思想政治理论课教学精准性

高校思想政治理论课作为公共基础课,受教学场地和师资队伍的限制,一位教师每个学期需要教授数百名学生。面对人数众多的学生,高校思想政治理论课教师在教学过程中无法掌握学生的真实学习状态,无法即时检测学生的学习效果。随着数字校园建设的深入开展,校园数字化、信息化水平不断提高,教育教学数据的记录、统计、存储、共享日益方便,教育大数据使得学习行为、学习状态、学习结果等各类教育信息成为可捕捉、可量化、可传递的数字存在。高校思想政治理论课教师通过网络教学平台,可以在不打断教学的同时,实现对学生听课、提问、讨论、阅读、测验等学习表现自动化记录,并可在数秒内根据教师需要,生成各方面的统计数据汇总。通过大数据统计分析,在课堂上,高校思想政治理论课教师能及时对人到心未到的学生进行督导,对学习能力弱的学生进行鼓励,对观点偏激的学生进行引导,对表现优秀的学生给予肯定。在课后,高校思想政治理论课教师可认真分析学生整体学习状态和发展趋势,特别是针对部分学习基础薄弱、学习习惯不佳、学习效果亟待提升的学生情况,选用更能引起他们兴趣的教学资源,设计更为有效的教学方法,增强高校思想政治理论课教学精准性。

第三节 高校思想政治理论课教学内容的特征

教学活动是教师与学生围绕教学内容而开展的双向互动活动,教学内容是教师和学生作为教学过程中的主体共同面对的客体对象或媒介,教师选择什么样的教学内容,既取决于课程性质和任务要求,也需要从学科专业角度进行梳理,还必须符合学生发展的需要。美国著名课程专家拉尔夫·泰勒认为,课程知识要进入教学内容,需要三方面来源:一是对学生的研究,二是对当代社会生活的研究,三是学科专家的建议,并通过教育哲学和学习理论两把"筛子"进行选择。高校思想政治理论课作为体现社会主义大学本质特征之一的大学生思想政治教育主导渠道的课程,教学内容的选择既应符合党的思想政治理论客观需要,又必须随着时代的发展、社会的变迁和学生思想变化发展的特点不断充实和调整，以形成符合高校思想政治理论课课程性质和要求的内容体系。

从各个不同历史阶段高校思想政治理论课课程内容的分析来看，高校思想政治理论课教学内容呈现出结构合理、功能互补、相对稳定等特点。

一、结构合理

高校思想政治理论课结构合理特征主要体现在两个方面：一是高校思想政治理论课内部的结构合理特征；二是高校思想政治理论课与中小学衔接的结构合理特征。

（一）高校思想政治理论课内部的结构合理

从高校思想政治理论课内部结构关系来看，我国高校思想政治理论课虽然几经重大变化，但基本上保持一个完整的课程体系。

高校思想政治理论课内容的结构特点，反映了中国共产党对人类社会历史发展规律、社会主义建设规律和个体成长发展规律的认识的深化，体现了高校思想政治理论课内容结构合理的特征。

（二）高校思想政治理论课与中小学衔接的结构合理

把大中小学思想政治理论课程联系起来，进行整体的设计和开发，这是高校思想政治理论课课程设计的基本特征。在我国古代德育课程的设计过程中，我们的祖先把学业课程分为"小学"和"大学"。我国古代大教育家朱熹把学习阶段分为小学、大学，他认为："小学者，学其事；大学者，学其小学所学之事之所以。"（《朱子语类·小学》）即小学阶段主要学的是具体知识，而进入大学以后，就要学习小学学习过的具体知识的道理。

当然，关于大中小学思想政治理论课衔接问题，在具体课程建设过程中，也存在一些偏向，当前我国高校思想政治理论课设计主要采取垂直组织形式进行，即将各种课程要素按纵向发展序列组织起来，讲究课程组织的连续性和顺序性。所谓连续性，就是将选出的各种课程要素在不同学习阶段予以重复；而顺序性，即将选出的课程要素根据学科的逻辑体系和学习者的身心发展特点由浅至深、由简至繁地组织起来。这样整个课程设计呈现出螺旋式增长的组织结构特点。这种课程组织结构方式对于学生掌握较科学系统的理论知识是有益的，也存在课程组织结构方式的单一性带来的课程内容的重复和层次不够明显的问题。

总的来说，高校思想政治理论课呈现出明显的结构层次关系，随着高校思想政治理论课建设的规范化进行，高校思想政治理论课程结构日益合理，形成了相对合理的高校思想政治理论课课程体系。

二、功能互补

如前所述，高校思想政治理论课具有整合功能、导向功能和发展功能，作为集中体现社会主义意识形态本质和特征的课程，高校思想政治理论课具有整合其他学校教育中的思想政治因素，使之转化为学生思想道德素质，促进学生思想道德素质发展的功能。要实现这样重要的社会和个体功能，仅仅依靠一门或几门高校思想政治理论课程是无法完成任务的。因此，从高校思想政治理论课程建设功能上看，需要高校思想政治理论课程作为一个课程的整体，充分发挥其整体性功能。

随着高校思想政治理论课的发展，高校思想政治理论课课程的结构日益完善，形成了功能互补的高校思想政治理论课课程体系。

三、相对稳定

稳定性和变化性是课程建设的一对基本矛盾。高校思想政治理论课是体现社会主义意识形态主导性的课程，社会占主导地位的意识形态教育不可能通过"渗透"到其他课程或活动的方式来实现，必须通过系统的理论教育方式进行。因此，只要社会性质没有发生巨大变化，学校占主导地位的高校思想政治理论课程就不应发生很大的变化，应保持一定的稳定性。但是，任何课程都不可能是一成不变的，都必须根据时代的发展和学生需要的变化，不断调整教育内容和组织形式，实现课程观念和课程教学内容的变革。特别是我国高校思想政治理论课所讲授的内容是以马克思主义理论为基础的社会主义意识形态理论体系，而马克思主义是一个开放的体系，马克思主义必须根据时代的发展注入新的内涵，具有与时俱进的理论品质，这也凸显了高校思想政治理论课的变化性特征。

第二章

高校思想政治理论课教学方法

教学方法是教师在教学过程中所使用的手段和技巧，是教师教学的基本功，也是教师这一行业"吃饭"的本领。教师凭借这些基本的技巧"吃饭"，是教师专业能力的具体体现。高校思想政治理论课教师就是通过教学方法这种特殊的手段实施高校思想政治理论课程教学，体现高校思想政治理论课教师与其他教师的不同专业性。

第一节 高校思想政治理论课教学概述

"方法"是人们为了达到某种目的而采取的方式、手段和技巧、措施等，是借以达到目的的工具。要理解高校思想政治理论课教学方法，应对方法和思想政治教育方法的概念有基本了解。

一、高校思想政治理论课教学方法的界定

"方法"一词，早在中国古代就已使用，《墨子·天志中》："中吾矩者谓之方，不中吾矩者谓之不方。是以方与不方，皆可得而知之。此其故何？则方法明也。"这里的"方法"就是测定方形之法。除此以外，方法还有办法、方术、法术、法则、门径等含义。在古希腊，"方法"的词根也含有"沿着"和"道路"的意思，表示人们活动所选择的正确途径或道路。现代英语中"approach""method""technology"这三个词表示"方法"，其中，"approach"相对比较宏观抽象，"technology"较为偏向操作层面，"method"介于二者之间。

由是可见，"方法"这个概念是有丰富含义的。一般来说，目前对"方法"一词有三种解释：一是目的指向性的解释，即方法是"关于解决思想、说话、行动等问题的门路、程序等""人们认识世界和改造世界所应用的行为方式、程序及手段的总和"，认为方法应人们认识世界、改造世界，解决思想、行为等问题而生，是对方法概念的价值性思考；二是内涵指向性的解释，认为"方法就是措施、办法，实现方针、政策要有一套方法""人

们认识、改造世界的思维和实践活动中，为达到某种目的所应用的途径、手段、原则、方式的总和，是科学方法论中一个基本概念"，这一解释将方法看作一种工具，从工具理性的角度来思考方法的内涵；三是关系指向性的解释，即方法"是在主体方面的某个手段，主体方面通过这个手段和客体相联系"，这一解释认为方法是联系主客体的纽带和桥梁，把方法当作中介因素来理解。上述种种认识有其研究价值，也存在局限，其共通之处在于认为方法具有目的性，人们为认识世界、改造世界的目的而创设、选择和运用方法；方法具有动态性，方法随它所依附的实践活动变化而变化，随着客观环境和主体发展而发展，方法是激活途径、载体等因素的因素；方法具有综合性，方法是主客体在实践活动中对方式、手段、途径、载体、原则等中介和工具的综合运用，综合协调了活动过程中的诸多要素。对于方法的分类，学界基本达成共识，即认为"哲学方法、一般科学方法、具体科学方法，乃是既相互区别又相互联系的三个不同层次的方法"。

在思想政治教育领域，关于方法的概念有一些共识性理解：一是思想政治教育方法与思想政治教育活动紧密相连，没有思想政治教育活动也就不存在思想政治教育方法；二是思想政治教育方法为传递思想政治内容、达到思想政治教育目的而存在；三是思想政治教育方法是综合性概念，是在思想政治教育活动中对思路、途径、策略、方式、程序、手段、工具等要素的综合运用，包括思想方法和工作方法。其争议在于思想政治教育方法是"教育者在思想政治教育活动中所采取的各种方法和手段的总和"还是"教育者和受教育者在思想政治教育过程中所采用的思想方法和工作方法"。系统分析思想政治教育专业创立以来有影响力的著作，对思想政治教育方法概念做出的界定，对思想政治教育方法的共识度最高的是，把思想政治教育方法看成人们为了达成思想政治教育目标所采取的思想方法和工作方法，即"思想政治教育方法，就是教育者和受教育者在思想政治教育过程中，所采用的思想方法和工作方法，或者说，是教育者和受教育者为了达到一定的教育目的所采用的手段和方式"。

在思想政治教育领域，方法主要被看作实现目标的方式和手段，主要包括以下几种认知：一是方法从实施层面来看是一种工作方法，工作方法与思想方法不能区分，工作方法是在一定思想方法指导下所开展的方法。两者也有实质的区别，工作方法是一种具体介入的实践活动，而思想方法则是思想政治教育活动的前奏。二是方法需要把教育活动中各种要素用一定的方式联系起来，发挥作用，这里涉及教育者和教育对象，也涉及教育过程中的中介因素或环境因素，是一个十分复杂的动态变化过程。三是方法是一种在一定思想观念指导下的方式和手段，并不是某种单纯的技巧或艺术，具有一定的思想观念指导。

高校思想政治理论课教学领域所使用的"方法"概念，尽管表述不一样，但观点大同小异。例如，有学者指出："教学方法就是为了达到教学目的，师生进行有序的相互联系的活动的种种方式所构成的系统。根据我国的教育方针，这些方式所构成的系统活动的最终结果，是使学生掌握知识、发展智能、形成高尚的思想品德，从而树立正确的世界观、人生观和价值观，做合格的社会主义建设者和接班人。……教学方法的本质特征有工具性、客观性、灵活性、主体性等方面。"也有研究者指出："教学方法主要是指在一定的教学观念的指导下，为了在教学过程中达到教学目的、完成教学任务，而采取的一整套操作策略。"还有研究者指出："一般地说，教学方法是为实现既定的教学目标，在教学过程中师生共同活动时所采用的一系列办法和措施。这个界定有以下几方面含义：第一，教学方法是以教学目标为指向的；第二，教学方法是在教学过程中展开的；第三，教学方法是教师和学生之间相互联系的活动方式。"

关于高校思想政治理论课教学方法，虽然有一些学者做过界定，但总体上并不精确。例如，有学者指出，"两课"教学法是指"两课"教师在"两课"教学过程中，为更好地完成"两课"教学任务而采取的对大学生进行世界观、人生观、价值观、政治观、道德观教育的各种教学方式和手段。"两课"教学活动是教与学的双向交流活动，"两课"教学活动中采用的各种方式和手段，既是"两课"教师的创造性活动，又是学生接受教育过程的活动。有学者总结，高校思想政治理论课教学方法是在教学过程中，教师和学生为达到高校思想政治理论课教学目的、完成高校思想政治理论课教学任务所采用的教和学的方式或手段的总称。在这一定义下，该学者还概括了高校思想政治理论课教学法的特点，主要表现在以下几个方面：第一，高校思想政治理论课内容决定了教学方法具有培养学生认知能力与非认知能力的特点；第二，高校思想政治理论课性质决定了教学方法具有多样性和多边性；第三，高校思想政治理论课目标决定了教学方法具有继承性和发展性。

高校思想政治理论课教学方法也可以理解为，高校思想政治理论课教师在教学过程中运用各种教学媒介和工具与学生围绕教学内容所进行的双向交流活动，包括以下几方面内容：一是教学方法是由教师主导的，是教师教学过程中的方法，虽然教师的"教"与学生的"学"不能分开，但我们所指的教学方法主要是教师所采取的手段和方法；二是教学方法围绕教学内容而展开，这是教学方法与其他教育方法的根本区别，教学方法是实现教学目标的手段和途径，只有教师和学生都以教学内容为媒介发生相互作用，才可以称得上是教学活动，教师在教学活动中所使用的方法才能称得上是教学方法；三是教学方法并不局限于课堂讲授，课堂讲授是教学方法的重要组成部分，但不是教学方法的全部。教师在课堂上不仅使用讲授方法，还采取多种多样的方法。教师的教学方法并不局限于课堂，只要是教师和学生围绕教学内容所开展的双向互动促进教学目的实现的活动，都会有教学方法贯穿其中。从这个意义上来看，教师在教学过程中使用的方法是十分多元和丰富的，需要进行分类归纳。

二、高校思想政治理论课教学方法的类型

关于高校思想政治理论课教学方法分类问题，高校思想政治理论课教学领域的探讨显得深入且丰富。例如，有些学者将高校思想政治理论课教学方法从方法论层次进行分类，分为哲学方法、一般方法和具体方法，并且指出哲学方法是最高层次的方法，具有方法论的意义，是方法论层次上的方法。哲学方法是指运用哲学的普遍性原理来认识和解决"两课"教学问题的方法。一般方法是介于哲学方法和具体方法的中间层次的方法，这一层次的方法是在哲学方法论的指导下，经过总结和概括各种具体的方法的共性和规律而形成的，是从整体上把握"两课"教学的一种方法，是根据"两课"教学中呈现出的共性问题而采取的教学方式和手段。主要包括理论与实际相结合的方法，启发式与灌输式相结合的方法，抽象思维与形象思维相结合的方法，理智表达与情感投入相结合的方法，原理阐述与范例分析相结合的方法等。此外，心理学的方法也是具有普遍应用价值的方法，它主要运用于对人的心理（知、情、意等方面）分析。具体方法是教学方法的最低层次。具体方法亦即个别的方法。它是在"两课"教学活动中针对具体教学环节所采取的方式、方法和手段。一般方法和个别方法在运用上是不可能截然分开的，个别方法不能脱离一般方法的指导，而一般方法则是从无数个别方法中总结和概括出来的。

有学者指出："教学方法从理论上进行分类至少包括三个基本层次：一是宏观或哲学层面的教学方法，即方法论意义上的教学方法，主要指教学方法的指导思想、理念、原则等；二是教育学层面的教学方法，即一般教学方法，它研究的是各科教学的共同规律、方法；三是分科教学法，它研究的是某一学科的教学基本原理和方法等。"

还有学者总结了高校思想政治理论课教学方法分类研究，指出有三种分类方法。第一种是根据高校思想政治理论课教学方法的适用范围，可以分为一般教学方法和具体教学方法（又称个别教学方法）。所谓一般教学方法，是指适用于高校思想政治理论课教学活动的教学方法，主要包括理论联系实际教学法、讲授启发教学法、寓情于理教学法等。所谓具体教学方法，是指在高校思想政治理论课教学活动中，针对具体的教学环节所采取的方式、方法和手段。第二种是根据高校思想政治理论课教学方法的外部形态，以及在这种形态下学生认识教学活动的特点，分为口述法、讲述法、谈话法、讲演法、直观法、实践法、图示法、归纳法、演绎法、复现法、问题探索法；在教师指导下的学习、学生独立学习、阅读书籍、书面作业等方法；学习辩论、创造道德情绪情境等方法；说明学习的意义、提出要求、履行要求的练习、表扬和批评等方法；个别提问、全班提问、口头考查、口头考试等方法；书面作业考查、书面考试等方法。第三种是根据学生获得高校思想政治理论课程知识的途径进行分类，大体上可以分为语言的方法和实践的方法。语言的方法，主要是指教师口头语言和书面语言的运用。教师口头语言的运用，主要包括讲述法、讲解

法、谈话法、朗读法等。教师书面语言的运用，主要包括板书、笔记的运用，教材、教学参考书的运用等。实践的方法主要是指课外实践，包括参观访问、调查研究等。

更多的研究者根据高校思想政治理论课实践经验，对高校思想政治理论课教学方法进行分类："高校思想政治理论课教学方法是对教学实践经验的总结、概括和积累。这里主要阐述高校思想政治理论课常用且有效的讲授式、案例式、启发式、研究式、专题式、互动式、体验式、讨论式、辩论式、情境式教学方法。"

根据本书所持的课程观，笔者把高校思想政治理论课看成是一种显性课程，一种具有特殊实践要求的理论形态显性课程，是体现社会主义性质和方向的德育课程。因此，高校思想政治理论课教学方法不仅分为显性课程教学方法，而且包括隐性课程教学方法；不仅包括理论课程授课方法，而且包括实践和体验式教学方法；不仅包括知识性和认知性方法，而且包括心理疏导、思想政治教育方法等；不仅包括现实思想理论课教学方法，而且包括网络虚拟的教学方法。根据这些教学方法在高校思想政治理论课的运用情况，笔者把它分为两个层次：一是高校思想政治理论课教学的基本方法；二是高校思想政治理论课教学的拓展方法。

第二节 高校思想政治理论课教学的基本方法

高校思想政治理论课教学基本方法主要是指高校思想政治理论课堂教学所使用的方法，主要包括三类：一是显性课堂使用的明示教学方法；二是特殊实践要求的体验式教学方法；三是隐性课程所使用的暗示教学方法。

一、明示教学方法

明示教学方法有多种多样，这里重点讨论课堂讲授方法，即说理教育法、案例教学法、讨论式教学法和研究性教学法。

（一）说理教育法

说理是课堂教学的最根本方法，也是一种课堂讲授的方法。由于高校思想政治理论课教学不仅仅停留在课堂知识的讲授上，还必须在讲授知识过程中进行思想政治教育，因此我们使用说理教育法。说理即摆事实、讲道理。说理教育法即通过讲授清楚理论和事实，通过思想引导来进行教育的方法，这是高校思想政治理论课教育教学领域普遍使用的一种方法，也是思想政治教育的基本方法。《关于正确处理人民内部矛盾的问题》一文中，把处理我国人民内部矛盾，进行思想政治教育的方法，也归结为说理教育法。

说理教育方式是一种正面教育的方式，其主要特点是通过逻辑论证的方式，以一种理论的逻辑、事实的力量来证明某种思想的正确性。马克思指出："批判的武器当然不能代替武器的批判，物质力量只能用物质力量来摧毁；但是理论一经掌握群众，也会变成物质力量。理论只要说服人，就能掌握群众；而理论只要彻底，就能说服人。所谓彻底，就是抓住事物的根本。"马克思主义不但具有真理性的功能，揭示了人类社会发展的客观规律，启发人们正确认识社会发展的客观规律，而且具有思想道德教育的功能，是无产阶级改造客观世界和改造主观世界的思想武器。高校思想政治理论课课程内容讲授的是马克思主义基本理论，对马克思主义理论的讲授，只能通过理论本身内在的逻辑以及逻辑和事实的力量进行讲授。因此，教师在讲授过程中，必须正确利用论证的手段，才能得出合乎逻辑的结论。以下几点是教师在讲授过程中必须注意的。

1. 说理教育不等于灌输

马克思与恩格斯在创立科学社会主义理论的同时，十分重视把科学社会主义意识传播、灌输到工人群众中，使科学社会主义理论和工人运动结合起来，使工人阶级从一个自在的阶级变成自为的阶级，使无产阶级学说成为无产阶级解放自己和全人类的思想武器。在马克思与恩格斯的论述中也明确提出过自发的工人运动不可能产生社会主义理论，必须向工人阶级灌输社会主义意识，社会主义意识有一个"从外到内""从自发到自觉"的过程。与注入式、灌输式教学相反，说理教育法是一种启发式的教学方法。

2. 说理教育不等于道德说教

道德说教的基本特点是把抽象的道德规范强加在学生身上，用"必须""应该""不要"等语言对学生施加道德影响，而不注明"应该"如何的原因。它之所以不是说理教育的方式，是因为它并没有用科学的逻辑来对道德规范进行说明，把道德规范深层次的问题揭示清楚，而是用道德规范本身来要求人。这样，就限制和阻碍了学生思维的发展。

关于这个问题，科尔伯格有一个非常好的说明。他认为道德教育是"应该"的科学，道德教育心理学是研究"是"的科学。他说如果我们从心理学的"是"直接推导出教育的基本原则或哲学上的"应当"就容易犯一个错误，即自然主义的谬误："凡是企图从'是'（或事实）的陈述直接地推演出'应当'（或价值）的陈述的做法，都犯了一项逻辑谬误，称为自然主义的谬误。"但是反过来，如果我们在进行道德教育的过程中，只讲授"应该"，而忽视道德教育中的"是"的因素，则容易导致道德说教。

因此，在道德教育中，应把"是"与"应该"结合起来，这样才能避免犯各种各样的错误。而说理教育不仅提出了道德的要求，同时也说明了提出这种道德要求的原因，它是一种理性的探求方式，没有企图用道德的"应该"阻止人们道德思维的发展，并且所提出的道德要求是客观的、科学的、合理的。因此，通过说理教育的方式可以进行道德教育，而不会沦为道德说教。

3. 说理教育并不排斥情感

说理教育虽然以摆事实、讲道理为主要教育方式，但在教育过程中并不否认情感因素。在高校思想政治理论课教学过程中，教师并不把情感因素作为主要的教育方式，这是因为高校思想政治理论课教学是一种课堂教学活动，其主要任务是帮助学生掌握科学马克思主义理论和思想品德系统知识，并在此基础上形成正确的理想、信念、世界观、人生观和价值观，因此教学过程的重点是一种理论体系的构建。但是在理论的构建过程中，采取说理方式来进行理论体系的逻辑论证，并不必然导致对说理过程中的情感的忽视。事实上，情感因素在说理教育过程中起着重要作用。

首先，情感是与认知活动相伴而生的，任何认知的过程都包含情感的因素。在教学过程中，如果说认知的教育是一种教学过程中的显性教育因素，那么情感的教育则是一种隐性的教育因素，教师在进行说理教育的同时必然会在不知不觉地把自己的情绪、情感因素注入说理过程中，学生从教师的情绪、情感中能够捕获对所讲授内容的基本态度，而这些态度影响学生对说理教育内容的学习和理解。

其次，说理教育过程需要倾注积极的情感，如果教学过程缺乏一种积极的情感力量，那么整个说理教育就会变得了无生气。德国哲学家雅斯贝尔斯说："教育，不能没有虔敬之心，否则最多只是一种劝学的态度，对终极价值和绝对真理的虔敬是一切教育的本质，缺少对'绝对'的热情，人就不能生存，或者人就活得不像一个人，一切就变得没有意义。"

最后，说理教育要达到教育的效果，达到说服的目的，就必须触及人们的信念。而信念是什么？信念是人们在一定认识基础上确立的对某种理论主张或思想坚信无疑并努力身体力行的精神状态，是认知和情感的"合金"。高校思想政治理论课教学中说理教育的最终目的是使学生形成马克思主义的理想和信念，而形成这种信念的基础是教师在讲授过程中给予学生明确的思想和强烈的情感。因此教师不投入坚定的情感学生是不可能形成信念的。

说理教育虽然是一种以理性、逻辑论证为主的教育方式，但它离不开情感因素，并且教师在说理教育过程中只有倾注十分积极、强烈的情感，才有可能达到说理教育的目的。

（二）案例教学法

案例教学法是通过对具体教育情境的描述引导学生对这些特殊情境进行讨论的一种

教学方法，很早就运用于法学和医学界，其后运用于管理学界，20世纪60年代才开始运用于教育学领域。哈佛工商学院曾经将案例教学法界定为一种教师与学生直接参与，共同对工商管理案例或疑难问题进行讨论的教学方法，这些案例常以书面的形式展示出来，来源于实际工商管理情境。学生在阅读、研究、讨论的基础上，通过教师的引导进行全班讲座。因此，案例教学法既包括一种特殊的教学材料，同时也包括使用这些材料的特殊技巧。

案例教学不等于课堂中举例子，教师在课堂教学中为了激发学生学习兴趣、帮助学生理解掌握理论知识、培养学生运用所学知识分析解决实际问题的能力，常常举一些典型生动的例子。但这些例子不能成为一个案例，作为一个案例应具有一些基本特征：案例讲述的应该是一个故事，叙述的是一个事例；案例的叙述要有一个从开始到结束的完整情节，并包括一些戏剧性冲突；案例的叙述要具体、特殊，不应是对活动大体如何的笼统描述，也不应该是对活动的总体特征所做的抽象化、概括化的简述；案例的叙述要把事件置于一个时空框架中，也就是要说明事件发生的时间、地点等；案例对行动等的陈述要能反映教师工作的复杂性，揭示出人物的内心世界，如态度、动机、需要等。

作为一种教育材料，案例区别于其他教学材料的还有以下几个方面。

第一，案例的来源。每一个案例的来源都涉及实际情境中的一项决策或一个疑难。这种情境可以发生在课内，也可以发生在课外；可以存在于师生之间，也可以存在于师师之间或学校领导与教师之间；可以存在于学校，也可以存在于社区。其中至关重要的是，基于这种情境，教师可以对教学进行设计，并引导学生对其进行探索。

第二，搜集的过程。案例必须有其实际来源的这样一个事实，这就要求案例的搜集必须事先进行实地作业获取有关信息。因为案例的撰写者知道教学目标是什么，所以他会从教学目标出发，有意识地择取所需要的信息。但在这个过程中并没有一个预先规定好了的标准以告诉研究者应该搜集什么，应该放弃什么，因而，研究者自身的洞察力起着非常重要的作用。此外，在用于教学之前，案例应该得到其来源单位或个人的确认。

第三，案例的内容。案例的内容不同于教学目标，但大体都包括一项决定或决策。案例的长短详略几乎没有明确的范围界限，不过在案例中应有足够的信息使学生认识到案例中所涉及的组织、情境和人员。

第四，案例的测评。一般来说，案例最终的测评依赖于学生对案例中所涉及的决策、解决问题方法等的运用，它不是以卷面测试为唯一形式，而是涵盖个人的准备情况以及小组讨论、全班讨论参与程度等所有相关因素在内。从另一个角度讲，正是由于测试方式的多样化，导致案例是否达成了预期的教学目标，成为所有案例中必须经常面对的一个至关重要的问题。

第五，案例的时效。每一个案例都应以关注今天所面临的疑难为着眼点。支撑案例的管理、决策以及教学原理，可能是稳定的、恒常的，但展示事实材料应该是与整个时代相应的。

案例教学法的主要用途包括：理解并掌握某一理论的原理或基本概念；了解实践中有关的典型事例；领会某些伦理观念及道德两难问题；掌握某些教学及管理策略，形成思维的某些技能和习惯；扩大学生的想象力和视野。

案例教学法的次要用途包括：激发或强化学生的学习动机；促使学生对问题形成一些独到的见解和视野，通过撰写案例等方式，可以促使学生对教师的教育教学进行反思，并使学生养成对问题进行仔细分析的习惯；矫正理论的过度概括化所产生的危害；为实践者讲座、对话并形成一个学习、研讨群体提供教学材料。

案例教学法的局限性在于：案例（特别是高校思想政治理论课教学的案例）的形成过程往往花费较大，时间消耗过多，并且需要进行现场核对；案例教学对教师的要求较高，难以达到预期的教学效果；案例教学的效率有时较低；案例往往是以较短篇幅的材料来涵盖相当长的时间历程，很难在内容与时间历程之间保持协调一致，而案例教学一般既要使学生了解过程，更要使他们领会内容，这两者常难兼顾；案例教学对于学生来说，存在着这样一种危险，即缺乏对概念、原理等概括化知识的批判性分析能力的培养；案例可能会使学生形成一些不正确的概括和认识。

因此，高校思想政治理论课教师在尝试案例教学法时，应特别注意其局限性，使教学达到教育的效果。

（三）讨论式教学法

讨论式教学法是较为常见的一种教学法，古今中外早已有之。《论语》中有许多内容是孔子与弟子交谈对话的言论。在古希腊，苏格拉底创立了著名的苏格拉底法，即"精神助产术"。他主张通过对话、诘问，使学生陷入矛盾的困境，然后教师去"助产"。最早较为系统地论述"讨论式教学"的是美国教育家斯蒂芬·布鲁克菲尔德和斯蒂芬·普瑞斯基尔。现代讨论式教学法，一般指在教师引导下，以解决问题为中心，以教学的重点、难点、疑点、热点等为主要内容，以深化对教学内容的认识与理解为目的，调动学生的积极性，进行师生和学生之间的讨论、对话、交流的教学法。

1. 讨论式教学法的优点

除了加深学生对教学内容的认识与理解外，讨论式教学法还有如下一些优点：

第一，讨论式教学法是打破"一言堂"教学模式的重要方法。教师高高在上唱"独角戏"的"一言堂"教学模式早已被证明是不科学的教学方法，改变的方向就在于鼓励学生参与教学活动。讨论式教学法通过调动学生的积极性，为学生提供发表见解的机会，让学生在师生、生生讨论互动中深化对教学内容的认识与理解。这种教学法相较于"一言堂"式教学法更有实效，避免了课堂中的无聊与无趣。

第二，讨论式教学法有利于创建平等、和谐、民主的教学环境。讨论式教学法能为学生提供一个讨论的平台，而这个平台只有在师生平等、学术氛围民主、课堂气氛和谐的条件下才能形成，只有在这样的环境下才有可能有思想与观点的碰撞。平等、和谐、民主的教学环境就是讨论式教学法的必然要求。

第三，讨论式教学法有利于增进师生感情。讨论式教学法中师生的相互交流，是增进师生感情不可多得的途径。一次讨论无论成功与否，是否有学术上的收获，师生之间都增加了彼此的印象，这是进一步交流的基础，也为课堂教学成功奠定了基础。

第四，讨论式教学法是提升学生素质的重要手段。课堂的讨论不同于平时的交流，需要有对某个问题的思考和勇气，还需要具有在众人注视下表达的能力。因此，讨论式教学法的实施，也是对学生思维能力、勇气与语言表达能力的锻炼。

第五，讨论式教学法能推动教师教学水平的提高。在讨论过程中，教师可以比较明显地发现学生对教学内容的认知与理解程度，为日后的教学打下基础。同时，学生的发言也可以激发教师的灵感，推动教学内容的不断更新、充实，促进教学水平的提高。

高校思想政治理论课比较适合用讨论式教学法。

高校学生已具备一定的独立学习思考的能力，能够发表自己的观点。高校图书馆也有大量的书籍，可以满足学生在讨论前的准备。因此，讨论式教学法是比较适合大学课程的教学方法，而大学课程本身就要求多引导和督促学生自己学习、思考，并发现问题、研讨问题。

高校思想政治理论课不同于一般的课程，它要求引导学生多思考、多探索，最终实现思想、道德与素质的升华，而讨论与对话就是达成这一目标的重要途径。

高校思想政治理论课许多内容与现实息息相关，学生大多听过、看过或经历过，因此在很大程度上能激发学生讨论的兴趣，轻松调动学生的主动性与积极性，并形成讨论的热潮。

2.讨论式教学法的类型

高校思想政治理论课讨论式教学法有多种类型。按讨论内容的不同，可分为专题式讨论、问题式讨论、案例式讨论等；按组织形式的不同，可分为小组合作讨论、自由讨论等。

（1）专题式讨论

专题式讨论主要指教师在上课前根据教学目标与任务确定明确的主题，利用课堂中的一个时间段进行集中讨论。这种讨论模式下，教师一般提前公布讨论的主题，让学生与教师都做好充分的准备，其讨论的效果也将随着课前准备的充分程度而有所不同。总体而言,这种讨论模式问题比较集中,讨论能够较深入地进行,深化学生对某一主题的理解。

(2)问题式讨论

问题式讨论法与专题式讨论法有相同之处,即首先要明确一个主题。只不过讨论的主题是以问题的形式出现,而讨论的侧重点是对问题的解答,相对于专题式讨论而言,其讨论面相对较窄。问题式讨论与专题式讨论的不同还在于,问题式讨论的主题可能不是在课前公布的,而是在课堂中公布的。

(3)案例式讨论

案例式讨论是指围绕教师提供的一个案例进行分析讨论的教学法,这个案例可能是课前布置的,也可能是课堂中教师根据教学内容的讲解顺序提供的。其目的在于通过对案例的深入讨论证明教学内容中的某个观点或理论,或促进学生加深对某个知识或理论的理解。这种讨论模式因为案例的形象性而较能激发学生的兴趣。

(4)小组合作讨论

小组合作讨论是指教师将学生分成若干小组,小组根据主题先讨论,在形成系统性观点后,再在课堂中与其他小组进行交流。各小组讨论的主题可以是同一主题,也可以是一个大主题下的小论题。这种讨论有利于调动全体学生的积极性,可能使更多学生参与,效果也较为良好。

(5)自由讨论

自由讨论是指教师在确定主题后,要求学生各自思考并准备,然后逐一发表自己见解的讨论模式。这种讨论较难调动学生的积极性,对于高校思想政治理论课这种大课堂而言,总会有学生抱有侥幸心理,认为总会有人站起来讨论,结果有可能出现无人讨论的尴尬局面。但如果组织得好,还是会出现激烈的讨论局面,但因为时间有限,能够给学生表现的机会是有限的。因此,自由讨论对于学生的锻炼是有限的,而讨论的深度也是有限的。但这不失为一种活跃课堂气氛的教学方式和调动学生积极性的手段,相较于"一言堂"模式已有很大的进步。

3. 讨论式教学法的原则与要求

讨论式教学法的有效实施还需遵循一定的原则与要求:

(1)充分发挥教师的主导作用

讨论式教学法需要充分调动学生的主动性、积极性,但无论学生发挥怎样的作用,都不能否定教师的主导作用。讨论的主题、形式、目标都必须由教师来确定,过程要由教师来引导,最终还要由教师来总结。因此,讨论式教学对教师也有较高的要求。它不仅要求教师有足够的知识储备,对教学内容足够熟悉,还要有先进的教学思想,有良好的人格魅力,有包容的心态和开放的态度,也要有一定的课堂组织与管理能力。

（2）创设民主、平等、和谐的氛围

学生主动性与积极性只有在一个有自由发言权的、宽容的、和谐的氛围中才能被充分调动。学生如果感受不到发言的意义，或感受到来自教师无形的压力，或处在一个紧张的课堂氛围中，其发言的意愿必然大打折扣，良好的讨论局面自然难以形成。课堂的讨论应当允许不同见解的阐述，给予学生平等的发言权，努力营造一个学生愿意积极参与的良好氛围，但教师应注意引导和对错误观点进行及时纠正。

（3）坚持意识形态的导向性

高校思想政治理论课是对大学生进行马克思主义理论与思想政治素质和思想品德教育的主渠道。讨论的主题与内容不能脱离意识形态的导向，要遵循中共中央宣传部与教育部规定的教学目标与任务，保证讨论方向与内容的正确性，实现思想性与学术性的完美结合。

（4）未雨绸缪，充分准备

充分的准备是一次好的课堂讨论的前提，教师应当做好各方面的准备工作：首先，应当充分了解学生。必须了解学生对相应主题的认识与理解程度，了解他们已有的知识功底与表达能力，并在此基础上确定问题的难易程度，应给予提醒的度的把握，做到有的放矢。为调动学生的积极性，教师还应提前重点培养一些善于发言的骨干，增加讨论的可控性。其次，预测可能出现的各种观点对策。学生的人数多，想法各异，讨论过程中各种思想与观点都有可能出现。教师不能预测到学生的所有观点，但对其中一些典型的观点要有所预测，这是讨论课的必要准备。最后，精心设计讨论过程。讨论课不仅要有好的选题，而且要有恰当的讨论模式。讨论模式要根据教学目标与任务而定。教师对此应有充分的考虑、慎重的选择，并对实施过程中可能出现的问题想好应对之策。

（四）研究性教学法

研究性教学法是教育部特别强调推行的教学法，教育部《关于进一步加强高等学校本科教学工作的若干意见》中明确提出："积极推动研究性教学，提高大学生的创新能力。"研究性教学早已有之，孔子主张"学而不思则罔，思而不学则殆"（《论语·为政》），《论语》中还记载，子贡曰："《诗》云：'如切如磋！如琢如磨。'其斯之谓与？"子曰："赐也，始可与言《诗》已矣！告诸往而知来者。"（《论语·学而》）从这段对话可以看出，孔子认为学习的基础是相互切磋和琢磨，这正是研究性教学或学习的基础。但研究性教学法作为一种教学模式提出并形成系统理论始于近代。在美国哲学家杜威的《民主主义与教育》一书中可以看到研究性教学模式的萌芽，杜威倡导"从做中学"，在该书中，他主张将教学与研究相统一，学生应主动发现问题、提出不同解决方法并进一步观察和试验。后来，美国教育心理学家布鲁纳的"发现学习模式"和瑞士教育心理学家皮亚杰的"认知发展学说"

又为研究性教学模式奠定了理论基础。美国教育家施瓦布在《作为探究的科学教学》中明确提出具有可操作性的探究性科学教育方法，该理论得到了研究性学习与研究性教学方式研究领域的广泛认可。20世纪80年代初，国外一些学者在中国推广"探究—研讨教学法"，促进了研究性教学法在中国的发展。

现代研究性教学法，一般指在教师的指导下，以问题为中心，以学生的自主学习为基础，通过师生和学生之间的互动，共同探讨、研究教学的重点、难点与热点问题，达到深化学生对教学内容的认识与理解，锻炼学生学习与研究能力的目的的教学方法，亦称探究式教学法。

1. 研究性教学法的特征

研究性教学法一般具有以下一些特征：

第一，基于教材而跳出教材。研究性教学法一般以教材为参考，以本学科的学术前沿与最新成果为补充，以问题为中心，深入挖掘教学内容。

第二，教师不是权威而是合作者。研究性教学中，教师不仅要扮演组织者、引导者、资料提供者和咨询对象的角色，还要成为学生的合作者，研究性教学的过程也是师生共同平等学习、讨论、研究的过程。

第三，突出强调学生的"学"而非教师的"教"。研究性教学法强调以学生自主性学习为基础，教师在前期充当的是"引路人"，而后期是合作者。教学效果在很大程度上取决于学生前期自主研究性学习的成果。

第四，重学生的过程评价而非总结性评价。研究性教学法中，学生的工夫用在平时，而非最后的突击复习，因此对学生的评价主要看平时的表现，重视过程评价。

2. 实施研究性教学法的必要性

高校思想政治理论课实施研究性教学法具有以下必要性。

首先，实现高校思想政治理论课教学目标的需要。高校思想政治理论课教学目标不是单靠课堂讲授就能达成的，需要有学生主动的思考与切身的体会。研究性教学法的可贵之处在于，教师主要通过引导学生自主学习而非直接灌输完成教学任务，这样做可以激发学生对现实的思考、对世界形势的认识和对我国国情的把握。这样的学习才能够融入学生的内心，形成真切的感受，最终在思想上形成对中国特色社会主义道路、理论体系与制度的认同。

其次，提升高校思想政治理论课教学效率的需要。在高校思想政治理论课教学中，学生一般都反感单纯的理论说教。理论是灰色的，对于众多非马克思主义专业的大学生而言，单纯的理论讲解往往会让他们昏昏欲睡。研究性教学法的不同之处在于，让学生直接参与教学活动，不仅是听的角色，还有研究的甚至讲的角色。学生可以与教师一起分析、探讨甚至争辩问题，充分激发学生的求知欲望，调动学生的积极性。教学效果自然而然会得到提升。

最后，丰富高校思想政治理论课教学内容的需要。高校思想政治理论课教学仅讲授教材中的内容是远远不够的。高校思想政治理论课还有一个特征，就是随着时代的发展，不断有国家与党的创新理论、新政策出现，有世界形势新的变化。研究性教学法可以在保持高校思想政治理论课教学宗旨与教学目标不变的前提下，实现引导学生及时学习新理论、新政策，分析新形势的目标，从而实现引导大学生紧跟时代、与时俱进、紧跟党的理论与政策的目标。

3. 实施研究性教学法的可行性

高校思想政治理论课实施研究性教学法具有以下可行性。

首先，高校思想政治理论课程的特点适合研究性教学法。高校思想政治理论课教学是一种较为复杂的教学过程，虽然教学活动中需要传授马克思主义理论、思想道德教育方面的相关知识，但这些内容都不是简单的知识传授，而是要有思想的升华，都需要师生双向围绕相关教学内容进行深入研究探讨，研究性教学法能够较为有效地达到这些教学目的。

其次，高度发达的信息化时代与图书馆的发展，为高校思想政治理论课进行研究性教学提供了可能。在现代社会，计算机与智能手机已在大学生中普及，互联网越来越发达，学生随时可能找到所需信息。学校图书馆不仅书籍越来越丰富，而且一些电子资源，如中国知网、万方数据、读秀、超星图书等不断完善，学生可以轻易找到所需文献，这为高校思想政治理论课开展研究性教学提供了良好的条件。

最后，大学生的知识功底与能力素质，为高校思想政治理论课开展研究性教学打下了基础。经过小学、初中特别是高中期间的系统学习，大学生已经具备了一定的高校思想政治理论课知识，具有一定的研究和探究条件，这是大学生能够进行自主学习的基础。与此同时，随着年龄的增长，大学生已具备了自学的能力与素质，大学教育也提倡学生的自我学习。因此，高校思想政治理论课开展研究性教学是有足够基础的。

4. 研究性教学法的原则与要求

高校思想政治理论课研究性教学并非随意就能开展好，需要遵循以下原则与要求。

第一，倡导师生平等、民主开放的原则。在研究性教学中，教师不是权威而是合作者，师生之间绝不应是对立关系，而是平等的共同的研究者。课堂中应坚持"教师主导、学生主体"的原则，使学生以教学主体的身份参与到教学中，使学生有主人翁的意识，这样才能充分调动学生的积极性，发挥学生的想象力，开发学生的创造力。而这种积极性、想象力与创造力又可以通过营造民主开放的课堂氛围来进一步促进。

第二，鼓励全员参与、求同存异原则。高校思想政治理论课的教学目标不是针对一部分学生，而是全体学生，鼓励全员参与是高校思想政治理论课的必然要求。传统的教学法可能无法实现真正的全员参与，但研究性教学法可以做到，该教学法可以通过让学生组建研究小组的形式实现全员参与研究与讨论。但参与的学生增多后，不同的见解也会增多，因此应当在坚持大方向正确的前提下，允许不同学生根据自己的学习与思考得出不同的结论。教师应把真正的教学目标放在深化学生对教学内容的理解，以及实现学生思想、素质真正的升华上。

第三，坚持导向正确、目的明确原则。尽管研究性教学中应倡导民主开放与求同存异原则，但并不是说高校思想政治理论课研究性教学可以无原则地进行。高校思想政治理论课作为巩固马克思主义在高校意识形态领域指导地位的重要手段，其课堂中进行的研究性教学一定要坚持导向正确、目的明确原则。这个目的就是要以实现国家规定的思想政治教育目标为根本，要体现思想政治教育的本质。

第四，处理好两种关系。一是要处理好教师主导与学生主体的关系。研究性教学要充分调动学生的积极性与主动性，需要在课堂中确立学生的主体地位，发挥其主体作用。但在研究性教学过程中教师的主导作用不容忽视，研究性教学中的每个环节的真正落实都离不开教师，教师或引导学生，或主导课堂，其作用不容小觑。但教师的主导作用应当发挥到什么程度是需要教师自己把握的，其目的是要发挥研究性教学的最大功效。二是处理好教师"教"与学生"学"的关系。研究性教学注重学生的自主学习，而且其学习的深度与广度也将直接影响教学的效果。但这并不意味着轻视教师的教。高校思想政治理论课研究性教学一般不是要使整门课都采用研究性教学法，一些不适合用研究性教学法的可以用其他教学法，例如讲授教学法。而在研究性教学法实施过程中也有讲授的环节，因此教师的教同样不能忽视，需要把握尺度。

第五，要求提升教师素质、精心准备。研究性教学法中教师的作用看似减弱，实则不然，教师只是在新的教学理念下转换了角色。而这个角色转换对教师本身提出了更高的要求：首先，教师需要转变教学理念，要树立以学生为主体的理念，树立探究式教学理念。其次，教师要有真正的敬业精神，真正地热爱学生、热爱教育。教师唯有具有充足的敬业精神才能自觉地做好研究性教学的每个环节。再次，教师应具备丰富、完整的知识体系，并不断"充电"。研究性教学让学生在知识的海洋中驰骋，学生个体可能很难超越教师的知识，但众多学生共同努力则有可能实现对教师知识水平的超越。教师要想应对自如，则必须有扎实的功底并不断地学习，自己还需有探究的精神与行动。最后，教师还应是课堂管理的高手。既要能引导学生，调动学生的积极性，又要能保证课堂的有序性。研究性课堂不同于传统课堂，在这种课堂中，教师不仅要主动降低自己的地位，与学生平等相待，而且要保持对课堂的掌控力，这无疑对教师的管理能力提出了更高的要求。

二、体验式教学方法

体验式教学方法是根据高校思想政治理论课这一特殊的理论形态课程要求而产生的教学方法，它是高校思想政治理论课教学方法的拓展。

（一）体验式教学的基本内涵

体验式教学是遵循学生在学校期间所获得的全部教育性经验的课程理念，以课堂教学活动、日常生活体验、参观考察、社会实践和旅游活动等实践活动为主要形式，以个体主动参与、亲身体验为特征，以直接经验为主要课程内容所展开的教学活动。主要包括以下基本含义：

首先，体验式教学活动以经验课程观为课程理念，认为学生在学校所获得的各种体验都属于课程的内容，学生在学校期间不但通过显性的课程学习系统知识，还通过隐性的课堂产生丰富的教育性经验，这些都是学校教育提供给学生的教育性经验。在高校思想政治理论课程教学中，学生不但学到了教师讲授的系统知识，也会通过教师在讲授过程中所流露的语气、思想情感等感悟到丰富的教育性经验。因此，体验式教学活动不仅包括课外实践活动的体验，也包括课内教学活动给学生的丰富体验。

其次，体验式教学活动以课堂教学活动、日常生活体验、社会实践活动等为主要形式，是学生在各种直接活动中获得的教育性经验，与理论课程相比，体验式教学活动更加关注学生的各种活动以及学生在各种活动中的体验。这些体验有的可以通过系统知识方式进行呈现，有的尚未达到系统理论知识的程度，仅仅作为一种经验性内容存在于个体感性阶段。

最后，体验式教学活动重视学生的主动参与，在体验式教学课堂，学生参与程度不一样，所获得的课堂感受和收获也不一样。因此体验式教学活动鼓励学生的积极主动参与，从某种意义上来说，学生参与性越高，体验式教学效果越明显。

（二）体验式教学活动和理论课程教学活动的区别

首先，体验式教学活动是以学生为中心的教学活动。与理论课教学相比，体验式教学并不是以某一科学体系或学科体系为中心设立的课程，其目的不是使学生学习掌握某一学科或者某一门具体课程，它不仅仅着眼于学生认知的提高，而且着眼于学生的实践活动、以学生本身成长为出发点，以期促进学生思想道德素质全面发展。

其次，以学生直接经验为内容。理论课程学习比较重视间接经验的学习，强调对人类社会实践的结果的学习、运用、掌握，特别是统治阶级意识形态内容和观点的把握；而体验式教学比较强调从学生直接经验出发来学习，强调学生从实践中亲自感受和体会，强调学生的参与性。

再次，以实践活动为主要载体。体验式教学活动虽然重视学生在课堂教学活动中的内在体验，但其主要载体是学生的各种外部活动，如专业实习、社会实践活动、军政训练、文体活动、公益性活动等，这些活动既可以在课堂内进行，又可以在课堂外进行，它是一种有目的、有计划、有组织的实践活动，被纳入学校正式的教学计划。

最后，综合经验的课程观。相对于理论课程把各门知识分化成狭窄的学科，采取分科课程的方式进行教育，体验式教学更强调课程的综合经验。学生在实践中接受的教育是多方面的，学生在体验式教学中学习的经验既有智育方面的内容，又有德育、体育和美育方面的内容。体验式教学过程既丰富和发展了学生各方面专业基础知识和技能，又丰富了学生人生体验，是一种知、情、意、行的综合过程。

（三）体验式教学活动与课外活动的区别

体验式教学活动既源于课外活动，又与课外活动有以下本质区别。

第一，虽然体验式教学与课外活动都是由学生活动构成，但体验式教学活动是一种教学，所涉及的实践活动是课程意义上的活动，被纳入学校教学计划，是学校正规教育的重要组成部分；而课外活动则是教学计划以及大纲以外的活动，是教学的一种补充，至多被看作"第二课堂"或者"第二渠道"，因而在时间、场地、内容和指导教师等方面得不到充分的保证。

第二，作为教学活动，体验式教学是有组织、有计划、有系统的长期教育活动，要有一定的课程结构和相应的实施规范，而课外活动则比较自由，组织安排是临时的、短期的。

第三，体验式教学的范围比课外活动更为广泛，课外活动的范围局限于课堂外，而体验式教学的设置没有课堂与课外之分，它既可以存在于课堂内，又可以存在于课堂外。

第四，体验式教学既是一种活动，也是一种教育理念。它把学生的直接生活经验纳入学校课程的视野，强调人作为主体的实践活动，这种积极的促进人的全面发展的教育因素与存在于学校课外的自然影响的课外活动有本质的不同。

（四）体验式教学活动与社会实践活动和旅游的区别

体验式教学活动与社会实践、参观考察、旅游活动既有联系，又有本质区别。

首先，参观考察、旅游活动可以作为体验式教学的一种资源，这种资源是客观存在的，如果教师合理地运用，它就有可能成为一种教育性因素，否则，它只是一种自然存在的客观因素，而不是有目的、有意识自觉开发的教育性因素。

其次，体验式教学活动是以直接经验为主要内容的课程教学活动，这种课程教学活动需要一些载体，才能达到教育目的，而参观考察、旅游活动等是一种良好的载体。通过参观考察，不仅丰富和开阔了个体的视野，增强了对社情民情和风情的理解，获得了别人不能替代的个体独特的感受，而且它本身是一种有益于个人身心发展的活动。

最后，不能将体验式教学活动与社会实践活动、参观考察、旅游活动等同起来，更不能将体验式教学活动庸俗化，把任何参观考察、旅游活动都说成是体验式教学活动。体验式教学活动不只是一个名称的变化，而是体现着一种教育观念和教育理念的更新。体验式教学大多以参观考察、社会实践和旅游活动等作为载体，通过这种实践活动方式来进行，但实践活动本身与体验式教学并不等同。体验式教学的提法不是标新立异，而是用新的或科学的概念来取代我们日常生活中非常熟悉但不能从学理的角度进行说明的术语，高校思想政治理论课教师要善于使用新的语言，具有创新的能力。

（五）体验式教学活动的开展

高校思想政治理论课体验式教学活动是一种特殊的教学活动，需要高校思想政治理论课教师以一种新的课程观念来对待课程教学，要求其要善于吸纳和开展一些有实践活动特点的教学活动，并全身心地投入体验式教学活动中。

1. 用"经验"课程观代替"知识"课程观

传统高校思想政治理论课课程观，把高校思想政治理论课课程内容作为一种外在于学生的知识。这种以"知识"为本质的课程观的最主要问题是与学生思想脱节，与学生生活体验脱节。因为知识一旦产生，它就属于相对独立于学生的客观体系。把"经验"作为课程的本质，突出了课程与学习者之间的联系，强调了课程内容与学习者生活经验之间的双向互动关系，使课程内容得到了拓展。用"经验"课程观代替"知识"课程观至少有以下优越性：

首先，用经验来代替知识扩展了课程的内涵，使课程不仅包容用知识定义课程时所含的全部内容，还能包容更多内容。经验既可以包含现代自然科学和社会科学知识，又可以包括人类历史和现实中的经验；既可以包括直接经验，又可以包括间接经验；既可以包括个人经验，又可以包括社会经验等，使课程内容更为宽广。

其次，用经验代替知识使课程获得了在被定义为知识时无法获得的功能，即让学习者亲身去体验。这种功能的扩展体现了人们对于课程认识的飞跃，改变了学习者与课程的关系，以及他们在学习过程中的地位和作用，突出了课程与学习者之间的相互作用，更加符合现代社会对受教育者在教育过程中的主观能动性的重视。

最后，用经验代替知识反映了现代知识观念的变迁。伴随现代知识观念的变化，人们对知识观念的认识日益深化，现代社会人们对知识观念不仅局限于传统的学术性知识，而且包含不同层次、不同形态、不同方式的人类社会直接经验和间接经验的总和。在高校思想政治理论课程教学中，如果教师以学生在课堂上获得的思想政治理论方面的经验作为课程教学内容，就会更加关注学生对课程的体验、感受，这样来看，高校思想政治理论课程的教学过程就是一种教师和学生的双向互动过程，有益于加强学生对课程的体会和理解。

2. 积极吸纳学校经常开展的德育实践活动

在现有的教育体制下，在高等教育培养若干环节中存在很多具有德育作用和效果或者以培育德行的活动作为主要载体的教育方式。这些活动既包括以德育为主要特征的实践活动，如学校开展的军训活动、社会实践活动、"希望工程"献爱心活动、社会公益活动等，又包括以学术学习为主导的活动，如专业实习、学术沙龙活动等，还包括以娱乐、健身、个人兴趣爱好为特征的活动等；既包括群体性活动，如班团活动、组织生活，又可以是小组活动、个别活动等；既可以是学生主动组织参与的活动，又可以是学校、院系、班级开展的有组织有计划的活动。这些正式的和非正式的实践活动虽然有一些并不是作为课程而存在的，但是它们对学生思想道德素质的发展起着十分重要的作用。从现代德育课程的观念来看，这些实践活动都可以作为体验式教学纳入学校课程体系。把自发开展的、没有经过现代课程观念整合的活动纳入体验式教学范围，进行有计划、有组织、有目的的系统开发、设计，和使这种活动处于自然状态、没有设计和开发其德育的效果和功能是完全不一样的。因此要进行体验式教学建设，高校必须吸纳学校现存的一些有德育意义的活动，使之成为正规教育体系的一个重要环节。

3. 按照新的教育理念进行体验式教学活动

吸纳现存的具有德育作用的活动，把它作为体验式教学进行系统设计，只是一种消极的实践课程建设的策略，而要使体验式教学更好地实现其德育功能、更充分地发挥其作用，还必须依据现代德育课程的基本理念，主动地进行体验式教学开发。

第一，把学生在学校期间获得的思想道德方面经验作为德育课程内容，注重学生在学校各种教育活动中的体验，注重从知行统一的角度提供给学生积极健康的、显性和隐性一致的课程经验。

第二，充分调动学生的积极性、主动性，使学生逐渐意识到自己是学校德育的主体，以主体的积极性参与学校的各种教育活动。

第三，从多方面成立学生自我教育、自我管理和自我服务的机构，充分发挥学生在学校事务中的主人翁精神，积极营造学生中良好的教育氛围。注重个别化教育，注重学生个体性的特点。

第四，加强学校同社会的联系，使学校生活与社会生活的价值导向具有一致性。

总之，只有将学校环境作为真实社会生活的一部分来进行体验式教学建设，才能使学生成为真实生活的主人。

4.全身心地投入体验式教学活动

高校思想政治理论课程教学活动是一种心灵的交流沟通过程，需要教育者具有丰富的情感，以一种真诚、尊重和同感的态度进行教学活动。教育者的真诚、尊重和同感是高校思想政治理论课教学的一个重要条件，正是因为教育者有这种态度，在现实高校思想政治理论课程教学过程中才会主动地关心受教育者，倾听受教育者的想法，在日常教育教学工作中以受教育者全面发展为中心，进行教书育人、管理育人、服务育人工作，做一个学生思想道德发展的"促进者"。教学，特别是高校思想政治理论课程教学是一个理想的事业，需要教师以一种虔诚的心态投入教学活动，这样才能给教学活动注入一股温暖的力量，促使学生思想观念发生变化。

三、暗示教学方法

暗示教学方法是针对高校思想政治理论课的隐性课堂而言的教学方法。暗示教育方法是20世纪60年代，首先在保加利亚，然后在苏联、美国、加拿大以及欧洲许多国家出现的一种新的教学理论和方法，英语中称为"suggestology"，也称"suggestive accelerative teaching and learning"，有译为"启发学"的，也有译为"暗示学"的。暗示教学方法由保加利亚医学和心理学博士卢扎诺夫提出，所以又称卢扎诺夫教学法。此方法先是在成年人中实验，后来普及到儿童；先是在外语一科实验，后来普及到多科。暗示教学方法通过一些特殊的做法，使学生异乎寻常地学得多，学得快，又记得牢，例如用于外语教学，可使学生在6~7周基本上掌握另一语言。在这种方法指导下，上课被称为"场景"，每个场景包括200~250个词汇单位和1个主题对话，以及一些新的语法概念。主题对话是一种教学"剧本"，有各种生动的情境，有趣的情节，戏剧冲突。教材还包括一套专门的练习，称为"练习曲"。教学时，学生进行游戏、唱歌、听音乐、扮演角色、对话、表演。教学活动一般包括介绍情况、给每个学生取一个新名字和假设一个职业、语言训练、听力培训、心理测验等，教室中不设课桌，而是几十把椅子排成半圆形，并备有黑板、银幕、投影器和播放音乐的器材。

那么，什么是暗示呢？暗示在心理学上是指人们为了达到某种目的，在无对抗的条件下，通过交往中的语言、手势、表情、行为或某种符号，用含蓄的、间接的方式发出一定的信息，使他人接受所示意的观点、意见，或按所示意的方式进行活动。简言之，即用含蓄的、间接的方式对别人的心理和行为产生影响。其作用往往会使人不自觉地按照一定的方式行动，或不加批判地接受一定的意见和信念。苏联学者贾雄认为："暗示——这是一个人对另一个人或一群人的心理影响，旨在非批判地理解和接受用语言表达的思想和意志。"他认为在一般情况下可以把暗示规定为借助言语和非言语手段实现的心理影响，并具有不可强调论据的特点，暗示者根据自己的目的和意图，利用一定的暗示方式把旨在改变心理活动的某种定式"引入"被暗示者心理。被暗示者在降低了自觉性和批判性程度的情况下接受暗示，这种暗示变成旨在指导、调节和激活其以某种程度的自动化实现的心理的和身体的积极性的内部定式。

暗示对教学、教育实践的意义在于，在教学、教育过程的每个举动都存在暗示的因素，虽然教师可能没有意识到它们。自觉地、明确地运用暗示，能丰富对学生施加影响的方法。

在高校思想政治理论课教学过程中，教师给予学生以积极的心理期待、明确的暗示，能够收到良好的效果。比如教育过程中的"皮格马利翁效应"或"罗森塔尔效应"，就揭示了教育过程期待的奇迹。皮格马利翁是希腊神话中的塞浦路斯国王，同时也是一位技艺非凡的雕刻师，他耗尽心血雕刻了一位美丽的姑娘，并倾注了全部的爱给她。爱神阿佛洛狄忒被雕刻师的真诚打动，使雕刻的姑娘获得了生命。这个故事深深打动了美国心理学家罗森塔尔，于是罗森塔尔和他的助手在美国一所小学做了实验研究，他们从一至六年级各选了3个班级，对18个班的学生进行了"未来发展趋势的测验"。之后，罗森塔尔以先觉的口吻将一份"最有发展前途者"的名单交给校长和相关老师，并叮嘱务必保密，以免影响实验结果的正确性。8个月后，罗森塔尔对这些学生进行复试，结果奇迹出现了：凡是上了名单的学生，个个成绩有了较大进步，且性格活泼开朗，自信心强，求知欲旺盛，更乐于和别人打交道。其实，罗森塔尔只是随意挑选了几个学生。但由于罗森塔尔是著名心理学家，老师们对他的话深信不疑，因此这一名单对老师产生了暗示，左右了老师对名单上的学生的能力评价，对学生产生了积极期望。这种期望通过老师的情感、语言和行为传递给学生，使这些学生也感受到了这种期望，认为自己是聪明的、优秀的，从而提高了自信心，提高了对自己的要求，最终成为优秀的学生，后来心理学把这种由他人的期望和热爱使人们的行为与期望趋于一致的变化，称为"皮格马利翁效应"或"罗森塔尔效应"。

相反，如果在高校思想政治理论课教育教学过程中，教师给予学生的是一种消极的心理暗示，则其影响将是负面的。例如，有的高校思想政治理论课教师在讲课过程中自觉或不自觉地把高校思想政治理论课教学内容绝对化、用强硬的语言进行讲授，看似加强了理论的权威，但实际结果却适得其反，究其原因在于其做法看似强调了所讲授课程的权威，但很容易导致学生的对立情绪，形成不良的心理暗示，进而导致其教学的失败。

第三章

高校思想政治理论课教学过程

　　高校思想政治理论课教学过程本质上是教师和学生以高校思想政治理论课程为中介的特殊的教育活动，也是教师在一定的教学环境条件下运用某教学方法将教学过程中学生、教学内容、教学载体等教学要素进行有效整合的过程。高校思想政治理论课教学过程既是对学生精神世界的建构过程，或者说是特殊的认识过程，又是一种思想政治教育过程，即对学生有计划地、系统地施加教育影响的过程，更是教师与学生"心灵碰撞"和"情感共鸣"的过程。从具体表现形式来看，高校思想政治理论课教学过程以课堂教学过程为基础，其中包含完整的教育过程、动态流程，蕴含着教学过程中一些具有规律性的问题。

第一节　高校思想政治理论课程的课堂教学过程

　　课堂教学是教学过程的基本环节，是高校思想政治理论课教学活动运转的微观过程。这一过程的主要任务是实现高校思想政治理论课教学内容体系向教学体系的转化，解决怎么教以及如何实现教学过程最优化等问题。为了从整体讨论高校思想政治理论课教学过程和规律，有必要对课堂教学基本环节及涉及的如何实现教材体系向教学体系转化的问题进行讨论。高校思想政治理论课课堂教学环节十分具体，主要包括备、教、管、考等基本环节。

一、备课环节

　　备课是教师教学活动的一个重要组成部分，是教师上课之前进行的教学设计准备工作。备课有多种类型，包括学期备课、单元备课、课时备课等，也可分为集体备课、个人备课。学期备课是指在学期开始之前制定课程教学总规划，确定教学目的与要求，明确教学重点与难点的过程，这一过程以研究课程标准和钻研教材为基础。单元备课是在学期备课的前提下，进一步熟悉并掌握某单元的教学内容、教学目的与要求、重点与难点，规划好某单元的教学安排,包括教学方法、形式、手段及课时。课时备课是在学期备课、单元备课的基础上,研究一节课中每一个知识点涉及的教学问题,设计一节课中的教学方法、组织教学、导入、承转、结尾、多媒体展示、板书、提问、举例等具体问题。这三种备课形式都可以进行集体备课,也可个人单独备课。鉴于课程的性质与特点,高校思想政治理论课一般采取集体备课与个人备课相结合的方式。

在高校思想政治理论课教学活动中,往往倡导集体备课,主要原因有:一是集体备课能更好地把握中央的教学要求,确保教学正确的政治方向;二是集体备课可以集中集体智慧的力量,可采众之所长,备出更优质的课;三是高校思想政治理论课有集体备课的条件,许多教师上的是同一门课,有相同的教学内容,且教学进度基本一致。但在集体备课时,高校思想政治理论课教师还应根据自己的特长与授课班级学生的不同进行个人备课,以使课堂教学更有针对性、丰富性和有效性。这些备课的形式大体要经历研究课程标准、钻研教材、搜集教学资料、课堂教学设计、编写教案、制作多媒体课件等环节。备课的过程是将教学内容转化为教学体系的过程,这里既涉及教学内容的取舍、方法的选择,也涉及学生的接受,还包含教学各环节的设计素材的准备等,需要处理一些基本的关系。

（一）教学大纲与教材的关系

教学大纲是备课的指导性文件,是课程标准的集中体现。研究教学大纲是明确课程教学目的与教学重点难点,了解教学基本内容与知识体系的前提工作。教材是教学内容的重要载体,是教学的主要依据,是实现教育方针与教学目标的蓝本。一般来说,教学大纲和教材是统一的,特别是作为中央统一编写的重点教材,更加准确地反映了教学大纲的基本要求。但是,教学大纲和教材也存在呈现方式的差异性,教学大纲是教学的基本要求,相对比较原则化、抽象、精确,而教材是教学大纲的展开,相对比较充分、生动、丰富,因此,在实际备课和教学活动中,应该把两者的优势充分发挥出来,以教学大纲为原则遵循,以教材内容为内在逻辑和知识基础。关于这一点,苏霍姆林斯基有两段总结,从不同方面论述了如何处理大纲和教材的关系问题,他说:"我认识几十位这样的教育能手。……他们是按照教学大纲而不是按照教科书来备课的。他们仔细地思索过教学大纲以后,就把教科书里有关的章节读一遍。他们这样做是为了把自己置于学生的地位,用学生的眼光来看教材。"这充分说明了大纲对教学过程的指导作用。他又说:"教师越是能够运用自如地掌握教材,那么他的讲述越是情感鲜明,学生听课以后需要花在抠教科书上的时间就越少。……那种对教材的知识很肤浅的教师,往往在课堂上形成一种虚张的声势,人为地夸夸其谈,企图借此来加强对学生意识的影响,但是这样做的结果却是可悲的。"因此,在实际教学过程中,应充分发挥教学大纲的指导作用和教材的示范引领作用,使两者有机统一。

（二）教材体系与教学体系的关系

教学体系不同于教材体系，教学体系是以教学目标为导向，以教材为蓝本，在教学实践中根据教师与学生及教学环境的实际，融合教材内容与教学资料等各种教学要素所形成的一个实用性强的知识体系。它与教材体系有以下不同。

第一，教学体系比教材体系更具灵活性与针对性。教材体系是一个相对客观、讲究内在逻辑和严谨的理论体系，是站在宏观角度所阐述的普遍性理论。而教学体系可以根据教师的知识结构、研究方向、教学技能特色和学生的思想状况、心理特征、知识基础而灵活地整合教学内容，并选择适合的教学方法。虽然教学体系也具有内在的逻辑性、系统性和严谨性，但教学体系考虑更多的是如何将教学内容有效地传授给不同的学生，更讲究针对性，更具有个别性，更注意遵循教学规律与学习接受规律，目的是提升实效性。

第二，教学体系比教材体系更具丰富性与创造性。教学体系不仅内含了教材的主体内容，而且融合了教师原有的知识与搜集到的资料，也经常与时政和周边的生活内容结合在一起，甚至可以链接到地方知识，这样，教学体系就能呈现出丰富多彩的内容。这些内容大部分都带有教师个人的特色、地方特色和时政的新意，具有一定的创造性。

第三，教学体系比教材体系更具问题性和明确性。教材体系是一个逻辑严谨、层次分明、章节均衡、内容全面的整体。而教学体系更偏重针对性，带着问题意识，以解决一个个问题为基本任务，所要解决的问题来源于课程的重点与难点内容。教材的每个章节也有主题，但为了阐述主题，形成体系化内容。教学体系则是以问题为中心，突出重点，深入难点，立足于把关键问题讲深讲透。

在"慕课"教学过程中，有经验的"慕课"教师主张使用脚本的方式。脚本是比教学体系更口语化的内容，它不仅具有教学体系的特征，而且要求有明确具体口语化的台词，以便教师在录制"慕课"过程中，把教学设计在新技术环境下"表演"出来。

（三）教学内容与教学方法的关系

在高校思想政治理论课教学活动中，内容是教师与学生交流的基本媒介，也是教学过程中的客体因素，教师和学生均以教学内容为媒介进行相互作用，因此，教学内容是备课过程中需要重视的最根本环节。但在这个过程中，选择什么样的教学形式和教学方法至关重要，高校思想政治理论课教学的最优化原则是最好的内容与最适宜的方式的有机统一。教师应当清楚地了解提出的教学任务是什么，不同的教学任务，要求课有不同的上法。而有经验的教师在备课的时候，总是要周密地考虑，他所讲授的知识将在学生的头脑里会得到怎样的理解，并根据这一点来挑选教学方法。根据不同的学生与教学内容，可选择不同的教学方法。高校思想政治理论课可选择的教学方法多种多样，教师可根据教学内容与学生的不同，结合自身的教学经验，科学地选择每堂课的最优教学法，实现教学内容与教学方法的有机统一。

二、授课环节

授课是教师传授知识技能、进行思想教育的过程，也是学生接受知识和技能的思想教育过程。授课的好坏，除了与教师的知识水平、对课程内容的研究水平有关外，同时也与教师的教学才能和技术有很大关系。授课过程要讲究一些基本技巧。

（一）导入的艺术

导入的艺术是指如何开始课程教学、充分调动学生学习积极性的艺术。俗语说："良好的开端等于成功的一半。"导入设计巧妙，可以取得先声夺人的效果，能为整堂课奠定良好的基调。正如清代李渔所言："开卷之初，当以奇句夺目，使之一见而惊，不敢弃去。"导入的艺术需要遵循一些基本原则：一是新颖性。新颖是吸引学生注意力、提升教学质量的重要手段。苏联教育家赞可夫认为："不管你花费多少力气给学生解释掌握知识的意义，如果教学工作安排得不能激起学生对知识的渴求，那么这些解释仍将落空。"二是趣味性。趣味是有效地激发学生的学习兴趣的因素。兴趣是最好的老师，"知之者不如好之者，好之者不如乐之者"（《论语·雍也》）。当然，导入趣味性要为教学目的服务，苏联教育家巴班斯基曾说："一堂课上之所以必须有趣味性，并非为了引起笑声或耗费精力，趣味性应该使课堂上掌握所学材料的认识活动积极化。"三是启发性。启发性是导入环节中激发学生求知的欲望，并使其迅速融入课堂的有效因素。格鲁吉亚儿童教育家阿莫纳什维利曾说："我所致力的目标，是要找到这样的一种教学方法：不是把知识'填入'儿童的脑袋，而是让他们自己设法向我夺取知识，通过孜孜不倦的探索去获得知识。"四是简洁性。语言简洁是对导入形式的要求，莎士比亚说："简洁是智慧的灵魂，冗长是肤浅的藻饰。"整个导入均应为讲课的主体内容服务，需要力求简短，不可喧宾夺主。

（二）内容承接的艺术

一堂课中可能有几个板块的内容，如何完成板块之间内容的完美承接也是一项教学艺术。如果板块间的内容联系相当紧密，则会增加教学过程的连贯性，使整个教学活动构成一个整体。做好内容的承接需要做到以下几点：一是完善框架结构的讲解，为内容的承接做好铺垫。教学内容框架结构的讲解往往是在导入并点明教学主题之后，明确讲解当次课堂的教学内容框架结构，使学生对教学内容形成一个整体印象。其目的是为后面的板块承接做铺垫。为增加教学效果，这种框架结构在课堂板书或PPT课件中的展示应有直观性，使学生一目了然。二是找准上下板块的联结点。一堂课中，不同板块的具体内容可能不同，但总有一些共同之处，或为教学目的相同，或为教学主题相同。在此背景下总能找到一些上下板块的联结点，这些联结点就是上下板块承接的桥梁，找准了这些桥梁方能顺利过渡到下一个板块，这是板块内容承接的关键。三是梳理清楚上下板块的逻辑关系。上下板块间一般都有一定的联系，教师在转入下一个板块时一定要讲清楚与上一板块的逻辑关系。这样，就能让学生保持思维的连贯性，并保持教学内容的整体性，使整个教学浑然一体。如此，既能增强教学的吸引力，又有利于学生更好地理解教学内容。因此，梳理板块间的逻辑关系是教学内容承接的重要环节。

（三）节奏调节的艺术

教学节奏主要指课堂教学过程中教学进度的快慢缓急、语言的抑扬顿挫、神情的起伏变幻、气氛的冷热张弛、场面的动静交替等。一堂成功的课犹如奏乐，按照主旋律，曲调抑扬顿挫，音节疏密相间，节奏明快和谐，能始终牵动学生的注意力，促进教学任务的顺利完成。这首乐曲弹好了则悦耳动听、余音绕梁，弹不好则令人昏昏欲睡。有经验的教师往往是控制节奏的专家，通过节奏的控制达到对整个课堂的掌控。而经验不足的教师或没有接受过专门教学方法训练的教师则缺乏这种节奏感，往往只能停留在把自己所备课的内容讲授清楚阶段。因此，教学过程中节奏的把握是一种艺术。

（四）幽默的艺术

世界上关于幽默的定义多种多样。幽默是一种人生态度，是一种心态，是一种语言艺术，也是一种工作艺术。幽默是一种超然的心态，用理解、宽容、纯真、豁达、微笑的态度面对世界，以广博的知识与睿智为功底，它少了些讽刺的刻薄与辛辣，少了些滑稽的浅薄与粗俗，多了些机智的严肃与庄重。幽默通过夸张、变形、暗示、隐喻、影射、双关、飞白等手法来表现对社会生活的反映，它言近而旨远，辞浅而意深，在引人欢笑中耐人寻味，在善意的微笑中表达真理。有幽默的地方就有欢笑，在欢笑中明白道理，甚至解决难题。幽默在教学过程中有重要作用，如果教师缺乏幽默感，就会筑起一道师生互不理解的高墙。因此，幽默又是一种有效的工作手段。高校思想政治理论课中的幽默，能使课堂气氛顿时活跃，能启发学生的思维，能增强教师的魅力，也能拉近师生间的距离，为理论的课堂平添几许欢乐，提升课程教学过程的生动性和吸引力。

（五）提问的艺术

提问本身就是课堂的组成部分，没有提问的课堂基本是不完整的。提问通过引发学生的思考深化学生对问题的理解、强化学生对知识的记忆。对于好的高校思想政治理论课堂而言，提问是不可缺少的教学环节。它可以牢牢吸引学生的注意力、激发学生的兴趣、启迪学生的思想、锻炼学生的表达能力，也可以增进师生的交流、活跃课堂气氛、调节课堂节奏、获得教学反馈信息，是提升教学实效性的重要手段。提问的种类繁多，按教学提问的水平，可分为知识（回忆）水平的提问、理解水平的提问、应用水平的提问、分析水平的提问、综合水平的提问、评价水平的提问；按信息交流的形式，可分为特指式提问、泛指式提问、重复式提问、反诘式提问、自答式提问；按提问的具体方式，可分为直问、曲问、正问、反问、逆问、追问、单问、复问、快问、慢问等。提问是高校思想政治理论课教师需要把握的课堂教学艺术。

（六）板书的艺术

尽管现代课堂中，多媒体已成为教学内容展示的中心，板书不再像多媒体出现以前那样受到重视，但板书依然不可或缺，只要有就仍然要注重它的艺术性。高校思想政治理论课课堂的板书一般是对多媒体教学内容的补充，或对临时发挥内容的梳理，但还是有不同的样式。苏霍姆林斯基曾说："教室里设有黑板，不仅是为了在上面写字，而且是为了教师在讲述、说明、演讲的过程中可以在上面画些草图、示意图和详图等。"高校思想政治理论课的板书一般可分为关键词板书、观点式板书、线索式板书、归纳式板书、演绎式板书、图解式板书等。好的板书不但是课堂教学的有效补充，而且是提升课堂教学内容理解的有力帮手，更是教师专业能力的一种体现，是吸引学生注意力，把握教学重点的有效因素。因此，高校思想政治理论课教师要把握板书的艺术。

（七）结尾的艺术

课堂教学不仅要求导入引人入胜，中间讲解高潮迭起，而且要求结尾余音绕梁，令人回味无穷。好的结尾，有如咀嚼干果，品尝香茗，令人回味再三。好的结尾能启发学生的思维，激发学生的想象，厘清教学内容的结构与重点，可使学生或醒悟、或亢奋、或沉思、或遐想、或震惊、或扼腕叹息、或拍案叫绝。好的结尾还是新的课堂教学的起点，是学生下课以后继续学习的内在动力。因此，高校思想政治理论课教师在教学过程中也应注意结尾环节，提升结尾的艺术。

三、课堂管理环节

课堂管理是教学效果的重要保障，德国心理学家赫尔巴特说："如果不坚强而温和地抓住管理的缰绳，任何功课的教学都是不可能的。"课堂管理一般是指教师为完成教学目的与任务，结合学生现实状况而采取的管理方式与方法。现代课堂管理已不仅是课堂秩序与纪律的管理，而是通过师生的努力，共同营造一个民主的、温暖的、轻松的、愉悦的、努力学习探讨的教学氛围。正如美国教育心理学家伍尔福克所说："如果班级管理只是为了让学生保持温顺和安静，这种班级管理是不人道的。"课堂管理的最终目标是促进学生的学习与发展。

（一）教学氛围的创设

良好的教学氛围是学生认真并愉快地学习的基础，我国古代"孟母三迁"就是要寻找最好的学习环境。课堂环境虽然是师生无法搬迁的环境，但可以努力创造使之成为优良的环境。遵守课堂纪律是低层次的课堂管理，而营造课堂优良的环境和氛围则是课堂管理的上上之策。高校思想政治理论课要营造出一个教师乐教、学生乐学，民主的、温暖的、轻松的、愉悦的、共同努力学习探讨的教学氛围。积极教学环境的营造需要遵循以下基本原则：

第一，以情感人的原则。人是有情感的动物，付出情感必会有回报。教师关心、尊重、热爱、信任学生，必然会赢得学生对教师的尊重与爱戴。良好的师生关系一旦形成，课堂氛围也一定会融洽，学生也会自然而然地高兴且努力地学习与听讲，并积极配合教师的教学。以情感人不能临时抱佛脚，关键在于从平时的细微处入手，对学生的日常生活要有所关注，对学生的变化要及时察觉，对学生的困难要慷慨帮助。久而久之，师生间的感情便会深化、固化，良好的教学氛围水到渠成。

第二，以魅力服人的原则。苏联教育家加里宁曾说："教师这一职业是特殊的，他要求具有特殊的，外表看来似乎同教学事业并无直接联系的品质。可是没有这些品质，就会显著地影响教学成绩。教师的世界观、他的品行、他的生活、他对每一现象的态度都这样或那样地影响着全体学生，这点往往是觉察不出来的。"这种觉察不出来的东西就是教师的个人魅力。加里宁主要指的是教师个人的人格魅力，除此之外，教师的睿智、博学、幽默以及乐观的态度和开朗的性格都可能对学生产生重要影响。当学生因教师的这些特征而对教师佩服不已时，则会自然而然地喜欢上教师所讲授的课程，在课堂中积极主动配合并认真学习听讲，一切顺理成章。更重要的是，这样的学生会带动周围的学生认真听讲，甚至会带动他们对教师产生敬意。

第三，民主的原则。一个宽松、民主、和谐的课堂氛围能使学生心情舒畅，学生在没有心理负担的前提下思维更活跃，自信心更强，行动更积极，更有创造的火花。这样的课堂一定是一个愉悦的课堂，是一个富有创造性、高效的课堂。这种课堂形成的关键就在于教师，教师必须用民主、平等的情感去感染学生，使课堂充满"爱"。教师应当与学生平等交往、平等对话，尊重学生的人格，关注不同学生的差异，创造条件调动学生的积极性。规则的制定与教学方案能够征求学生意见的就尽量征求学生的意见,不能做到时应有说明。讲课时,教师不应一直在高高的讲台上,而应深入学生中间,与学生面对面地交流,一起学习,一起讨论,最终达到与学生共建民主愉悦课堂,共享快乐学习时光的目的。

第四,积极主动的原则。一个高效的课堂不仅要求教师出色地讲解,学生认真地听讲,还要求学生积极地配合,主动地参与课堂。这种积极性与主动性不应只是学生偶尔的表现,而应形成一种课堂文化并贯穿于日常课堂中。这种积极主动习惯的养成受学生性格特征的影响,但更重要的是教师平时的引导。教师一开始就应启发学生多积极主动参与课堂。要引导学生围绕教学内容多观察、思考、讨论、发表见解,并给予适当的鼓励。允许学生各抒己见,不应追求答案的统一,而应有开放性思维、开放性答案,为学生提供想象的空间与发表个人见解的空间。对学生发言的评价应多以肯定为主,委婉地指出其错误。鼓励学生间有序的争论与对教师讲解的质疑,在平等、民主的氛围中激发学生的积极性。

(二)规则的制定与实施

好的课堂需要创设民主、和谐、愉悦的氛围,但不是说课堂中就没有纪律。相反,无规矩不成方圆,良好课堂氛围的创设需要纪律来保证,正如和谐社会的创建需要有法制的完善一样,课堂中规则的制定同样重要。作为公共课教师,高校思想政治理论课教师与学生往往并不在同一个院系,课堂纪律的管理较有难度,但只要把握好关键点,形成有序的课堂并不难。

第一,规则的制定关键在第一堂课。高校思想政治理论课课时是有限的,规则的制定一定要及时、迅速,一般在第一堂课就应完成。课程一开始,教师应将设计好的请假的规则、课堂纪律的规则、回答问题与讨论的规划、平时成绩的给定规划等向学生公布,并征求学生的意见。应当注意的是,虽然我们强调民主的课堂,强调以学生为中心,但高校思想政治理论课教师是没有时间与学生一同商量规则的初稿的,因此教师只能独立根据学生的实际情况设计一个初步方案,在经过修改后即成为今后课堂的正式规则,师生都应遵守。好的习惯从一开始便应形成,而后便会变成一种课堂文化。国外研究也表明,在开学第一天,有效的课堂管理者要比低效的课堂管理者进行更多活动。因此,高校思想政治理论课教师在第一堂课中投入的管理精力非常重要。

第二,规则应少而精,不宜过多。过多的规则一是会使学生感到无形的压力,从而在内心萌发对课程与教师的反感情绪;二是高校思想政治理论课教师没有足够的时间来与大家一起讨论;三是会阻碍师生之间的交流。课堂规则是所有学生均应共同遵守的课堂行为规范与要求,应力求是最简明、最基本、最适宜的规划。语言也要精练,以便学生记忆。事实上,过多过细的规则没有太大意义,因为学生在日后的课堂中很容易忘记。

第三,规则应以正面引导为主。规则不是压制学生的工具,而是优化课堂气氛的手段。规则的语言表述如果主要指向惩罚,则常常会引发学生对消极方面的关注与议论,学生的积极性与态度反而受到抑制。因此,消极、苛刻的课堂规划是不利于课堂纪律管理的。规则应坚持正面表述为主,多用积极鼓励的语言,建立既有利于维护课堂秩序,又不影响学生积极性调动的规划体系。

第四,规则的实施力求公正,贯彻始终。规则不是为班中几个调皮的学生制定的,而是全班应遵守的行为规范。有些教师在调皮的学生违反纪律时,进行严肃批评,而在好学生偶尔违反纪律时则睁一只眼,闭一只眼,甚至视而不见,这种行为会使规则失去效力,虽然教师会得到这些好学生的拥戴,但他却在全班学生面前失去了信用,失去了威信。课堂规则的实施正如法律的实施,要一视同仁,不偏不倚,方能保证效力。课堂规则的实施还要贯彻始终。有些高校思想政治理论课教师认为到课程最后,规则就没有必要再认真了,但上一级的大学生往往会将一年的学习经验传授给下一级,如果下一级的学生掌握到了教师管理的不良规律,觉得有机可乘,那么教师管理会更吃力。

(三)师生的沟通技巧

师生沟通不顺,则容易产生隔阂,教师也难以得到学生的信任,会越来越不受学生喜欢,教学效果必然大打折扣。师生沟通不是简单的聊天,而应达到一定的目的,要能得到学生的信任,使学生积极主动地融入课堂教学,并喜欢上教师所教的课程。为此,在师生沟通中应当注意以下几点:

第一,了解学生是师生沟通的前提。师生间有年龄的差距,有思想意识上的代沟,这都是客观存在。但教师完全可以通过观察、思考了解学生的所思、所想、所好。大到学生中的流行文化、思潮、关注热点,小到学生的性格特征、喜好,教师都应有所了解并思考。如此,教师才能懂得什么能激发学生的兴趣,什么能让学生激动不已,什么令学生苦恼,又是什么让他们废寝忘食。当教师在与学生沟通中讲出他们熟悉的热门词汇,展示出对他们生活的了解时,会拉近彼此之间的距离,沟通变成朋友间的聊天,师生间形成良好的关系也就水到渠成。

第二,尊重学生是师生沟通的基础。尊重学生是最基本的教育原则。教师在心底里要把学生视为与自己平等的、有人格尊严的独立个体。教师不仅要有对学生的爱,也要有尊重。尊重与爱是有不同之处的,不应认为有了对学生的爱就不需要尊重学生。只有尊重学生,才能唤起学生的自尊与自信,而这是学生积极主动参与课堂的根源之一。因此,教师在教学中切忌侮辱、指责、嘲讽、谩骂、威胁学生。这种行为不仅会惹来学生对教师的不满,甚至记恨,而且会影响教师在全班学生中的形象,教师无形之中站到了学生的对立面，日后的工作将困难重重。

第三，开放性的态度是师生沟通的促进剂。师生沟通应当抛弃教师的语言霸权，教师不宜以长者的姿态、解释性的语言讲解自己的观点，而应以开放性的观点、包容性的态度、商讨的口吻与学生讨论问题。学生不能只扮演问者和听者的角色，还应允许其扮演讲解者、表述者的角色。应当允许学生表达不同的观点，教师对于明显错误的观点可以给予恰当的引导，尽量用形象的比喻、乐观的表情，引导学生明白错误所在。此外，师生的沟通还应在一个其乐融融的环境中进行，使学生轻松自然地表达自己，开放的观点与包容的态度是创造师生沟通良好环境的条件之一。与此同时，教师还应有乐观的心态与开朗的笑容，不要唤起学生从小以来对教师职业的敬畏。如此，师生间才可能建立真正的友谊。

第四，平实精练的语言是师生沟通的润滑剂。年龄的特征决定了许多年轻学生不喜欢冗长的道理，不喜欢唠唠叨叨，而许多教师因为职业使然又喜欢不停地讲道理，二者之间自然就产生了需求的不对接。表面上学生好像在听，但事实上早已不厌其烦。碍于情面，学生可能完成第一次交流，但下一次交流就会敬而远之。因此，师生的沟通切忌大讲冗长的道理，应该用生活的语言、学生喜闻乐见的语言与学生交流。这种语言还要是精练的，能引发学生思考的，而不是重复地讲述简单的道理。教师展示给学生的形象应当是干练、博学且平易近人的，这是师生沟通最好的润滑剂。

（四）偶发事件的处理

无论教师备课如何细心，准备如何充分，课堂上总会遇到一些偶发事件。这些偶发事件可能是自身的失误导致的，可能是学生困惑表达或故意刁难，也可能是课堂外意外事件等。不论是何种原因导致的偶发事件，教师均应有教学机智，应妥善地处理。苏霍姆林斯基曾说："教育的技巧并不在于能预见到课的所有细节，而在于根据当时的具体情况，巧妙地、在学生不知不觉之中做出相应的变动。"由此可见教学机智在教学中的重要性。一旦偶发事件发生，教学平衡即被破坏，教师应立即发挥教学机智，根据情况及时调整既定的教学方案。如果对偶发事件视而不见，一是可能转移学生的注意力，二是可能让教师威信扫地，三是可能造成课堂的混乱，具体取决于偶发事件的严重程度。偶发事件多种多样，高校思想政治理论课教师怎样才能做到以不变应万变？这就需要掌握处理偶发事件的一些基本原则。

第一，沉着冷静，果断谨慎。偶发事件一旦发生，教师要保持冷静，迅速判明情况，想出对策，然后果断地采取行动。但果断不是武断，应在事件处理时保持谨慎，留有余地。切忌遇到突发事件时冲动、急躁、手忙脚乱或不知所措。

第二，随机应变，因势利导。面对偶发事件，教师应有随机应变的本领，有灵活的思维。应首先分析偶发事件的原因、积极因素与消极因素。找到事情发生的根源才能对症下药，分清积极因素与消极因素，才能化不利为有利，化被动为主动。教师可在对偶发事件了然于胸的前提下将其与当前教学内容联系起来，因地制宜，就地取材，适当改变教学方案，因势利导，趁热打铁，将积极因素扩大化，变消极因素为积极因素。

第三，乐观态度，幽默激趣。无论发生何事，课堂都不应过于紧张，课堂的紧张程度在很大程度上取决于教师。如果教师一遇到学生的调皮行为或挑衅就怒目圆睁，势必加剧课堂的紧张气氛，最终导致师生都无心上课，甚至造成课堂的混乱。因此在遇到偶发事件时，如果不是策略的需要，教师一般均应采取乐观的态度、幽默的处理方法，化不利为有利，变紧张为和谐。幽默是课堂气氛的润滑剂，是调节课堂氛围的法宝，教师要灵活运用。

第四，虚怀若谷，宽容开放。偶发事件中，有些是教师自身失误导致的，此时，如不能机智地将失误转化为积极的教学因素，就应谦虚地承认失误，并以此为警示启发学生。人非圣贤，孰能无过，适当地承认失误，不仅不会失去学生的信任，反而会让学生佩服教师的胸襟与高尚的品德。面对学生的错误或挑衅，教师也应有宽广的胸襟、宽容的态度，而非以牙还牙。宽容并非软弱无能，不是无原则地迁就，更不是对学生不良行为的默认或纵容，而是蕴含着教师对学生的理解和信任，用真诚爱护去感化学生，使学生在心灵深处深刻反省。针对学生在课堂中的不同见解，教师也应有开放的心态，理性的评判，允许不同观点的表达，对正确的观点要虚心接受。

第五，明察秋毫，及时预防。课堂偶发事件的发生都有原因，也大多有先兆。高校思想政治理论课一般是大班课，偶发事件更容易发生，且千奇百怪，但可以有所预防。这种预防主要靠教师的洞察力，细心观察，明察秋毫。在了解学生所思所想所好的前提下，及时发现不良苗头，防微杜渐，将偶发事件消灭在萌芽中。

偶发事件的处理关键还要靠教师自身素养与水平的提升，打铁还需自身硬。教师足够的知识储备、对教学内容充分的熟悉、过硬的心理素质是处理偶发事件的基础。

四、教学反馈与评估

课程教学反馈可以通过教师对课堂的观察和学生的评价以及听课教师的评价获得，但主要还是通过课程考核来获得。课程考核与评估是教学工作的重要环节，是对学生学习成果和能力获得的综合检验，是对学生的学习是否达成教学目标的测量与评价，也是对教师教学能力与成果的检测。其中，课程考核主要包括形成性评价与总结性评价。

（一）形成性评价

形成性评价主要包括平时的作业与课堂的表现，高校思想政治理论课一般将这种考核纳入平时成绩。高校思想政治理论课不仅要教给学生知识点与理论，更重要的是要提升学生的道德素质，增强学生对国家、党、人民的热爱之情，因此，平时的考核同样重要。

一些高校思想政治理论课教师认为高校思想政治理论课作为全校性的大课，学生众多，教学任务繁重，作业批改难度过大，因此不给学生布置作业。其实高校思想政治理论课同样有要完成的教学目标，这些教学目标的完成需要有平时作业的巩固。与其他课程不同的是，高校思想政治理论课的作业一般不是对知识的考核，而是对学生的理论理解深度与思想道德素质的考核。因此，作业的类型一般应是启发性的、开放性的，评分不宜有标准答案而只有评分要点与要求，教师重点看学生作业写作的深度。

课堂表现主要指学生平时的课堂参与程度、回答或讨论问题的次数与质量。学生的课堂参与度越高，回答问题的次数越多、质量越高，自然学习所得就越多。教师应在每一次课后都有相应的记载，虽然麻烦，但最能真实地反映学生的学习状况。

（二）总结性评价

总结性评价一般指期末的考核。考核的方式包括考查与考试两大类。高校思想政治理论课考查，一般指根据教学目标与任务指定或让学生自拟题目，要求学生写作课程论文或调研报告。这种考核方式要求教师对学生的写作提出详细的要求，且要想方设法限制学生的抄袭行为。高校思想政治理论课的考试一般指期末的集中笔试或其他方式。高校思想政治理论课主要考核的不是知识点，而是学生对知识和理论的理解及学生的思想道德素养，高校思想政治理论课具有强烈意识形态属性，对学生知识观点的正确性要格外关注，是考试的重点。

形成性评价与总结性评价综合起来构成对学生的总评价，只有二者相结合才能从中综合性地测出学生真实收获，形成学生的课程总成绩。不论哪一种考核方式，教师都应力求公平公正，客观真实地测出学生的学习效果。

（三）课程的评估

课程的评估主要指对教师的教学质量与效果进行评价与测量。课程评估不仅要看学生的平时作业、考核试卷和最后的成绩，还要看教师在实施教学过程中的各方面因素。因学生的素质与基础有别，教师仅看学生的作业和最后的成绩会有失偏颇，课程的评估绝不能仅看学生的作业和最终的成绩。高校思想政治理论课评估不仅是对学生的评估，也包括对教师的教学评估和反馈。教师备课是否足够认真，教学内容是否丰富且深刻，教案是否完善，课件是否精美，教学方法是否得当，是否激发了学生的主动性与积极性等，这些都是对教师所上课程的评估指标。课程评估还涉及学生对教师的评价问题，现在许多学校都已实现了学生对教师课程的评分制度。总体而言，学生的评分还是较为客观公正的，但不能作为唯一的评价指标。课程的评估者应当综合教师教学各方面情况，以及学生各方面的反馈，对教师所上的课程给出一个最为客观的、公正的评估结果。

总之，课堂教学过程是一个环环相扣、复杂的过程，每一个环节都有细微而具体的工作，都有一定的要求与技巧。高校思想政治理论课教师只有扎扎实实地做好这些基本环节的工作，才可能实现通过知识形成信念的高校思想政治理论课课程教学过程。

第二节　社会调查设计

高校思想政治理论课开展社会调查的目的是，通过教学使大学生明白辩证思维方法对于提高大学生分析问题、解决问题能力的重要性，号召大学生积极踊跃地参加学校组织的各种社会调查活动，鼓励大学生结合社会热点问题进行调查，引导大学生在调查材料的分析整理过程中锻炼辩证思维能力，同时使大学生真正了解社会、了解国情、增强社会责任感。

一、社会调查模块介绍

社会调查是指人们有意识有目的地对社会现象进行考察、了解、分析和研究，从而达到认识社会现象内在的本质及其发展规律的一种实践活动。首先，它是一种自觉的认识活动，所有社会调查都是有意识有目的地进行的，社会调查的目的是了解社会真实情况，它和人们日常生活中对社会现象的一般观察和了解有原则性的区别。其次，社会调查的对象是社会本身。

二、在综合实践活动中如何进行调查研究法的指导

社会调查研究方法是综合实践活动实施过程中经常运用的方法。无论是在主题探究或课题研究活动，还是在社会实践性学习活动、项目设计活动，都离不开调查研究方法这种活动方式。那么究竟如何进行"调查"呢？笔者主要就调查方法的一般类型、基本程序、调查报告的格式做简单介绍。

（一）调查的目的

开展社会调查，理论目的就是让学生自觉接受马克思主义唯物辩证法的指导，加强辩证思维方法的训练，克服思想上的极端化，提高学生的综合素质。现实目的是有助于学生接触沸腾的实际生活，通过让学生亲眼看、亲口问、亲耳听、亲自了解、亲自感受，及时了解社会发展现状，提高认识，增强社会责任。

（二）调查的种类

根据实际调查对象的范围，调查可分为全面调查和非全面调查。全面调查是对研究对象的全体进行调查。全面调查可以了解调查对象的全面情况，获取材料精确度较高。非全面调查包括典型调查和随机抽样调查：典型调查是从研究对象的总体中抽取一个具有代表性的单位或个体作为典型，对它进行调查并用其结果来概括总体。有时又被称为"蹲点"或"解剖麻雀"。随机抽样调查是从研究对象的总体中随机抽取一部分有代表性的对象，组成一个样本，然后对样本进行调查，并根据样本调查结果来推测、估计相应的总体。

（三）调查的基本程序

调查是一种有目的有计划的活动，就调查过程的顺序而言，大致包括以下五个步骤。

1.调查前的准备工作

（1）确定调查选题

调查的课题有大有小，但无论大小都必须遵循三个原则：

①目的性原则：每次调查要达到什么目的，回答和解决什么问题，事先都要有明确的规则。

②价值性原则。调查的课题必须具有科学价值和现实意义。

③量力性原则。调查课题和调查范围要适宜，课题不宜太大，既要看需要，更要考虑是否可能。

（2）选取调查对象

调查对象应依据调查课题和调查目的加以选取，不同的调查课题和目的，要用不同的方法去选取调查对象。

（3）制订调查计划

调查计划主要包括调查的课题和目的、调查的对象和范围、调查的地点和时间、调查的方式和方法、调查的步骤及日程安排、调查报告完成的日期。

（4）思想上和物质上的准备工作

①精神上的准备。进行调查工作，不可能一帆风顺，往往会遇到意想不到的困难，

因而调查的学生要做好应付各种可能出现障碍的心理准备。

②物资上的准备。包括生活上和工作上需要的各种用品。例如，各种工具书、照相机、录像机、录音机、电子计算器、问卷等。想得越周到，准备得越充分，就越有利于调查工作的进行。

2. 搜集资料

搜集资料是调查过程中关键的一步。调查资料的搜集是否全面、准确，是获得有效调查结果的至关重要的前提。搜集资料要力求全面、系统，要注意资料的典型性、客观性和真实性。

3. 整理材料

对用各种方法搜集到的材料，必须加以整理方能得出结果。整理一般分为四个步骤：
①评定，对每个研究对象的原始资料进行归类、评定和评分工作。
②登记和统计，先把评定结果编制成每个人的登记表，一个样本一张，在这张表上每人一行，登记研究对象的各项调查结果，再统计各项的平均数、标准差或人数百分比等统计量，并记入登记表的下部。
③编制统计图表，把几个样本的统计结果合到一张统计表上，将使调查结果集中而且使人能够一目了然。
④统计检验，调查所得的某些结果，有时还需要进行显著性检验，以对调查结果的可靠性作出判断。

4. 分析调查结果

分析调查结果包括四个部分：得出结论；进行解释；提出建议；发现新课题。对调查结果的分析是大学生辩证思维方法的具体运用，即归纳与演绎、分析与综合、抽象与具体、逻辑与历史相统一等。

5. 撰写调查报告

调查报告是对研究对象进行调查，对调查的材料进行分析、综合、整理后的记录。调查报告的表述没有固定形式，调查报告一般由以下部分组成。

第一部分——题目。题目要简练、概括、明确地反映所要调查的对象、领域、方向等，题目应能概括全篇。

第二部分——调查目的。调查报告开头要表明课题调查什么，为什么要调查等问题，要将调查的背景、筹备过程、主要内容和调查过程、调查的意义等内容交代清楚。

第三部分——结论与建议。交代通过调查研究了什么问题，获得了什么结论，说明了什么问题。结论与建议是对调查所得结果做理论上的解释，提出研究者的看法，还可以提出一些新的调查课题。在观点和材料的处理上，可以先列出材料，然后分析和推论，引出观点，也可以先摆明观点，然后用调查得来的事实材料的分析来说明。

三、开展社会调查应注意的问题

第一，材料要真实。真实是调查报告的重要特征，也是对调查报告的基本要求，需要学生注意的问题是这个选题必须结合自身条件。因为实践是认识的基础，调查需要获得第一手资料，如果没有条件去农村调查的话，就不应该选择有关农村的调查。

第二，材料要充分，尽可能翔实地为读者提供必要的事实，用事实来说话，使读者从比较和鉴别中得出必要的结论，从而达到对客观事物深刻认识的目的。在这个步骤里学生应该收集尽可能多的数据指标，因为人的认识分为感性认识和理性认识，感性认识是认识的初级阶段，具有不可靠性，理性认识是认识的高级阶段，具有可靠性，我们只有对大量的感性材料进行加工才能上升到理性认识，从而形成对事物的本质性认识。如果调查某乡农村留守儿童，就应该调查这个乡下面所有村子的留守儿童数字，少一个村子的数据都不准确。

第三，观点、结论要客观、正确。观点、结论是调查报告的灵魂和主旨，也是报告所要告诉人们的调查研究之后的结果。观点和结论如果不正确，就会给人们认识上以错误的导向，轻则达不到调查研究的目的，重则产生严重后果。

第四，要学会与人沟通。石油大王洛克菲勒曾说："假如人际沟通能力也是同糖或咖啡一样的商品的话，我愿意付出比太阳底下任何东西都珍贵的价格购买这种能力。"由此可见沟通的重要性。学生在深入社会开展的时候，若想获得调查单位或个人的自然配合，需要与其做好沟通。如何沟通，要具体情况具体分析，但其中的共性是无论与谁沟通，都要讲礼貌、待人和气，主动寻找可与其进行联络沟通的共同话题，主动为其做一些力所能及的事情，做好这些铺垫，调查都会顺利地进行。

第五，正确运用辩证的思维方法。在对调查材料的收集和整理中，能够提高学生发现问题、分析问题和解决问题的能力。在调查报告的撰写过程中，学生要学会运用归纳与演绎、分析与综合、抽象与具体、逻辑与历史相统一等方法。

第四章

高校思想政治理论课教师的素养与能力

随着我国经济和社会的迅速发展，高等教育从精英教育迈向大众化教育，在这一发展浪潮中，为适应市场经济和社会发展对不同层次、不同类型人才的需要，高校出现了一些新型的办学模式。思想政治理论课是由教育部统一规定的高校公共基础课，高校思想政治理论课教师除了具备应有的一般素质和能力外，还应具备思想政治理论课教师的特殊的素质和能力。

一、高校学生的特殊性

我国现代意义上的正规大学从根本上来说是西方文化和教育传统的舶来品，从最初的学习日本，到照搬苏联，再到改革开放后的向欧美大学学习，从京师大学堂、留美预备班到现代的北京大学、清华大学，我国大学的产生和发展无不深深印刻着西方大学的烙痕，也继承了西方中世纪遗承而来的"重学轻术"的传统办学理念。长期以来，在世人的目光中，大学是传播和研究高深知识的学术殿堂，是远离社会的"象牙塔"。在"象牙塔"中培养出来的是学术型人才、研究型人才，学生毕业后大多到研究部门、高等学校、大中型企业的研发机构或管理部门、政府的高层部门工作，很少去生产或社会服务一线单位。随着高等教育规模扩大，一方面，科研机构、高等学校、政府部门等对人才的需求越来越有限；另一方面，企业的生产单位、营销部门及社会公共部门，非营利机构等需要越来越多的高级专门人才。不论是经济、社会、科技的发展，还是高等教育自身的发展，都要求它所培养的人才必须是多方面的，能够适应基础研究、设计开发、生产运行、经营管理、社会服务等各种不同领域的需要。因此，在高等教育由"精英"教育迈向大众化教育的今天，办学形式的多元化和办学层次、类型的多样化成为高校发展的必然途径，不同类型的高校，其学生也有其自身的特点。

（一）存在明显的弱点

1. 理论基础较薄弱，学生水平参差不齐

思想政治理论课既属于政治课，又属于人文社科类课程，需要有一定的人文社科知识和基础。我国的中学教育重视的是基础理论教育，因此学生高考成绩的高低在某种程度上能反映学生基础知识的好坏。基于以上所提到的高校招生现状，我们在多年的教学实践中发现，高校理工科学生的人文社科基础非常薄弱，甚至许多简单的基础知识都答不上来，这就影响了正常的教学进度。例如，"毛泽东思想概论"是一门和历史紧密结合的课程，需要学生具备一定的历史知识。但由于学生知识缺乏，连许多基本的历史知识都不知道，如果教师按照正常教学进度直接讲授理论，学生对理论的理解及教学效果会大打折扣。因此，教师必须想办法调整教学内容，有所取舍，在规定的学时内给学生补充必要的背景知识，帮助学生更好地理解理论。相对理工科学生而言，高校文科学生的人文社科基础知识要扎实得多，但发现问题、解决问题等方面的能力有所欠缺。

由于高校热门专业较受学生和家长的欢迎，报考的学生较多，学生的高考成绩相应较高，基础也较好。而那些非热门专业的学生高考成绩较低，基础也较薄弱。另外，由于招生中对考生的调剂等多种因素，同一个班的学生水平差距很大，高考成绩最高分和最低分之间相差几十分。同样的教学内容，学生水平的参差不齐造成有的学生听得"不过瘾"，有的学生却"听不懂"。思想政治理论课又大都是大班上课，这种情况给教师的教学安排带来一定的困难。

2. 自主学习能力较弱，对教师依赖性强

大学教育与中学教育最大的区别在于学生要逐步形成较强的自主学习能力。但目前高校的学生普遍自主学习能力较弱，对教师的依赖性较大，这不利于思想政治理论课的教学。

基于高校主要为地区社会经济发展服务的特点，高校学生大都来自学校所在的省市，离家庭较近，相对来自农村的学生而言，城镇学生由于生活条件较好，加之父母宠爱有加，"00后"这一代大学生虽然有着很强的个性，但在生活上自理能力较弱，在学习上自主学习能力较弱，对家长、对老师的依赖性较大。我们的调查表明，只有34.5%的学生在平时的学习中制订学习计划，有22.5%的学生从来不制订学习计划，另有43.0%的学生有时候制订学习计划。从学习的规律来说，能否制订学习计划是自主学习能力的一个重要表现。同时，51%的学生认为目前还没有形成自己的学习和思维方式。这些数字充分表明了他们的自主学习能力较弱。

思想政治理论课教学要求学生在课外能自觉阅读一定数量的参考书，以弥补课内教学的不足，并配合课堂讨论等必不可少的教学环节。但高校学生的这一弱点使思想政治理论课的一些教学目标难以顺利实现。

（二）具有突出的优势

虽然高校学生存在以上两方面较明显的弱点，但也有其自身的优点。

1. 学生心态较平稳、能够较好地处理人际关系

调查显示，多数学生"比较了解自己，承认自己的不足"；"能较自觉调节和控制自己的情绪"；在问道："你是否具备以下素质"时，有20.3%的学生认为"能保持较和谐的人际关系"，所占比例是所有选项中最高的。

2. 社会活动能力、社会实践能力较强

调查显示，多数学生"能保持良好的社会适应能力""对了解新信息有较浓厚的兴趣""乐于参加社会公益活动""喜爱动手操作的课程"。这些数据从另一方面反映了以上所提到的高校学生的优势和薄弱环节。高校学生的这些优点是在学校和家庭的共同影响下形成的：

首先是学校的影响。高校的培养目标是应用型人才，因此学校特别重视学生社会实践能力的培养，在这种模式的培养下，学生具有较强的社会实践能力。

其次是家庭的影响。大多数学生来自当地，与家庭的联系比较密切，家庭能帮助他们解决学习和生活中所遇到的一些困难，使他们保持良好的心理状态；同时，家庭因素使他们接触社会的机会增多，有益于增强他们的社会活动能力。学习和生活没离开自己的出生地，这不仅有利于他们较好地调整心态，解决学习和生活中的难题，也有利于他们利用以往的同学关系，提高自己的社会活动能力和实践能力。

二、思想政治理论课在高校中的特殊功能

随着社会的发展，培养应用型人才成为高校的重要使命。这类应用型人才的显著特点是直接为生产生活工作服务，具有"一线"工作的性质。而对"一线"的内涵比较形象的解释是：一旦这些岗位工作停止，将造成生产或生活服务的直接中断。也就是说，培养的人才应具有扎实的基础知识、较强的理论学习能力和社会实践能力，全面发展的综合素质。

由此可见，应用型人才培养最突出的特点就是"理论联系实际"，重视能力培养。结合应用型人才的培养，思想政治理论课还应该在以下三方面发挥其在高校中的特殊功能。

（一）培养学生的综合素质

大学生不仅要具有一定的专业知识和技能，还应具有现代社会尤其是社会主义建设事

业所必备的团队意识、职业意识、责任意识、诚信意识、行为意识、品格意识等多方面素质。对于培养学生的这些素质，思想政治理论课应当发挥比其他专业课程更重要的作用。

（二）培养学生理论联系实际的能力

思想政治理论课教育教学，除了要对大学生进行理想信念教育和"三观"教育外，更重要的是培养学生运用所学的知识和理论分析社会热点问题的能力。

（三）塑造学生的人文精神

思想政治理论课不仅是政治课，也是人文社科类课程，它不但是提高大学生政治素质和理论水平的重要路径，也是塑造大学生人文精神的重要阵地。特别是在理工科院校或以理工科专业为主的学校中，人文社科类课程是这些学校的薄弱环节，因此，思想政治理论课应责无旁贷地承担起塑造学生人文精神的特殊任务，这是思想政治理论课在高校中的一个重要功能。

三、高校思想政治理论课教师素养与能力的特殊要求

具有坚定的马克思主义理想信念，具有一定的教育科研能力，具有事业心和责任心，具有良好的师德风范，这些都是高校思想政治理论课教师应该具备的基本素质和能力。作为高校思想政治理论课教师，除了应具备以上素质和能力外，还须具备以下几方面特殊的素质与能力，才能适应高校培养应用型人才的特殊要求，发挥思想政治理论课在高校中的特殊功能。

（一）较强的创新意识和创新精神

马克思主义理论与时俱进的精神品质，要求以宣传马克思主义理论为主要内容的思想政治理论课，也要随着形势的变化和社会的发展不断地改革创新。当前复杂的国际国内形势，新一代大学生复杂的思想状况，对高校思想政治理论课提出了新的任务和要求。思想政治理论课教师必须具有创新意识和精神，才能在面对新问题、新形势的情况下，不断地开拓创新，迎接挑战，开创思想政治理论课新局面。创新意识和创新精神是创新思想政治理论课教学的基石，是使马克思主义理论和社会发展实际紧密结合的动力，贯穿于教育教学的每个环节，体现在对教学内容、教学手段的改革中。教师必须在教学整个过程中进行创新，避免简单说教和硬性注入，才能在完成马克思主义理论教育任务的同时，培养能符合市场需要的全面发展的有创新能力的应用型人才。因此，具备较强的创新意识和创

新能力是高校思想政治理论课教师最为重要的素质和能力，关系到他们是否能顺利开展教学，达到培养应用型人才的目的。

课堂组织和管理需要创新意识、教学内容的改革需要创新意识、教学手段和方法的创新更需要创新意识。创新意识和创新精神是其他几方面素质和能力的源泉。

（二）较强的课堂组织和管理能力

目前，课堂教学是思想政治理论课的主要教学手段，课堂教学的成功与否直接影响着思想政治理论课的教学效果，而良好的课堂秩序是保证课堂教学成功的重要因素。因此，教师有责任和义务维持良好的课堂秩序。由于受社会复杂因素的影响，以及高校学生本身的特点，学生对思想政治理论课普遍不重视，在课堂中表现为到课率低、不专心听讲，如上课说话、玩手机、做其他与本课无关的事等。如果教师对学生的这些表现熟视无睹，认为大学课堂就应该是自由的，其教学效果势必会大打折扣。所以，作为课堂教学的主导者，教师应该具备一定的课堂组织和管理能力，构建和谐有序的教学环境，保证课堂教学的顺利进行。高校的学生由于水平参差不齐，自主学习能力较差，对思想政治理论课的学习兴趣普遍不高，教师的课堂管理有一定难度。教师除了要在课堂教学内容、教学方式方法上下功夫外，还要在课堂组织和管理上讲究方式方法，以下三方面是教师在课堂教学中必须具备的素质和能力。

1. 针对不同的班级采取不同的教学方式

教育必须符合教学规律和学生特点。有的班级学生思想比较活跃，可以采取参与式教学方式，引导学生积极参与到课堂中来，如多组织课堂讨论、演讲、辩论等教学方法。对那些不太喜欢课堂讨论的学生，可以采取启发式教学方式，使学生循序渐进地融入课堂教学中；对那些上课爱说话或不集中精神听课的学生，应增加提问的次数，通过提问把他们吸引到课堂教学中来。

2. 充分调动和发挥学生的主体能动性

教学是教与学的互动，教师只是导演，如果没有作为演员的学生的积极参与，课堂教学就不可能成功。因此，教师在教学中一定要发挥学生的主体能动性。例如，在组织课堂辩论、演讲过程中让学生做评委，给自己的同学打分；还可以采取让学生上讲台讲授一些相对简单的章节，学生自学后讨论等形式。

3. 营造和谐的课堂气氛

课堂教学是教师与学生教与学的互动，课堂教学的良好氛围需要师生的共同努力。要杜绝或减少学生上课睡觉、看与课程无关的书籍，甚至玩手机等现象，教师要在教学内容和教学方式上下功夫，提高学生的学习积极性，这是关键。教师也不能忽视课堂设计对课堂教学效果的影响。在课堂教学中如何导入、如何结束、如何控制课堂节奏等课堂设计的重点，会直接影响教学效果。课堂设计应该注意有松有弛，在一节课的中间不妨让学生伸伸懒腰、喝口水；记笔记、自学、做作业时可以适当放点背景音乐。科学的课堂设计可以引导学生把精神集中到课堂上，始终围绕课堂教学内容，取得良好的听课效果。

（三）较强的实践能力

如前所述，高校培养应用型人才，其主要特征是突出实践能力的培养。对思想政治理论课而言，笔者认为教学的重点是理论密切联系实际，加强思想政治理论课对学生的针对性，使学生应用理论观察分析社会现象，全面提升学生的思想政治素质。这种实践能力应该包括以下三方面。

1. 针对不同学生的特点适当调整教学内容

虽然教育部对思想政治理论课有统一的教学要求，但不同专业、不同水平的学生对教学内容的接受能力不同。在这种情况下，教师就要在教学大纲的基本要求下，针对不同专业、不同水平的学生，在教学内容上适当做调整，有所取舍。

2. 增加具有时效性的教学内容

教学内容能密切联系当前国内外发生的重大事件，增强思想政治理论课的时效性。作为思想政治理论课教师，时事学习和理论学习同样重要，教师必须关注每天发生的国内外大事，能以有说服力的事例对理论进行阐述。同时在教学中可以从权威的政府媒体上下载、引用一些媒体的视频资料，补充多媒体教学资料。

3. 教学内容尽量贴近学生生活实际

长期以来，学生对思想政治理论课缺乏兴趣，主要是由于当代大学生普遍存在功利主义思想，认为思想政治理论课对自己将来的就业毫无用处。对于这种状况，一方面，要对学生加强教育，使学生充分认识到思想道德修养和政治素养对人的全面发展的重要性；另一方面，要换位思考，从学生的角度出发，在教学内容的改革中适当考虑学生的需求。例如，针对高校学生人文素质有待提高的情况，适当地给他们增加人文知识，讲授一些阅读和写作技巧等，从而使学生感到，思想政治理论课不仅能提高自己的思想政治素养，还能提升自己的人文社科素质，能学习到让自己终身受益的知识。

4. 能广泛开展实践教学活动

实践教学活动是思想政治理论课教学中的重要环节，更是应用型人才培养必不可少的环节。高校思想政治理论课教师一定要在教学中带领学生走出课堂、走出校园，广泛开展各种形式的实践教学活动。通过实践活动引导学生接触社会、关注社会、思考社会，同时真实感受中国社会主义建设的伟大成就，以此配合课堂的教学。

（四）较广博的知识面

思想政治理论课是一门与社会同步发展的课程，其中包含多种其他学科的知识，因此要求教师除了要具备扎实的马克思主义理论基础，以及把马克思主义理论和具体实际相结合的能力，还要能吸取马克思主义理论以外的各学科精华。例如，与马克思主义基本理论相关的各种背景材料、前沿学科知识和交叉学科知识，以及了解高新技术的最新发展动态等。这样才能不断提高社会科学和自然科学素养，从而调整、完善和优化自己的知识结构。并且，在互联网时代，学生获取知识的渠道是立体的、多样的，学生不仅接受的信息量大，而且掌握的最新信息已基本和教师同步，过去教师在传授知识过程中的部分"权威"已不复存在。教师必须努力找到和学生在"知识点""热点"及学生"兴趣点"的衔接，才能取得良好的教学效果。

我们还应看到，高校思想政治理论课教师不仅要面对具有一定人文积累的人文社科专业的学生，还要面对信息、自动化、管理等许多热门专业及理工科背景的学生，这些学生都要求他们的教师不能落后于时代。因此，教师要广泛涉猎各种知识，充实自己的知识面，同时要加强学习各种新知识，特别是网络知识，才能更好地找到与学生之间更多的"共同语言"，增强课程的吸引力。这不仅是高校思想政治理论课成功教学的重要因素，也符合高校的人才培养模式。

（五）较强的亲和力和人格魅力

人格，是人的内在因素的总称，包括人的性格、气质、能力以及道德品质。高尚的人格必然产生积极健康的感召力和影响力。思想政治理论课教师的人格魅力应该包括：坚定的马克思主义理想信念，强烈的事业心和责任感，高尚的道德风范以及对学生真挚的情感和亲和力。这样的人格魅力通过教师的一言一行，产生出积极健康的感召力和影响力，必然会大大提高思想政治理论课的实效性。在多年的教学实践中，笔者发现，由于高校学生的特殊性，教师的人格魅力对学生的影响非常深远，有时甚至超出了课堂教学本身，其中，以教师对学生的真挚情感和亲和力为最。笔者在调查中发现，有48.0%的学生认为教师的人格魅力对学生"影响很大"，30.5%的学生认为"有影响，但影响不大"，也就是说，78.5%的学生承认教师的人格魅力对学生有积极影响。

思想政治理论课要以理服人，更要以情感人、以情动人。教师必须重视建立师生之间的真挚情感，而建立师生之间真挚情感的基础源于教师对学生的关爱，教师要热爱学生、关心学生、理解学生、尊重学生。部分学生由于不能正视自身的弱点，往往存在自卑心理。面对这样的学生，教师应该投入更多的爱，在关爱学生的基础上建立教师与学生心灵的交流。这种关爱是无私的、不计任何回报的。学生一旦理解了教师对学生这种高尚的情感，必然会"亲其师，信其道"，思想政治理论课的"育人"也就水到渠成了。

师生之间的真挚情感或者教师对学生的亲和力必须建立在平等的基础上。也就是说，教师要改变观念，放下教师的架子，放弃教师的"权威"，与学生以朋友的身份，以平等的身份进行交流。

尽量认识学生是建立良好师生情感的第一步。在教育教学过程中，教师应努力认识每一个学生，叫出每名学生的姓名。大学生已经是成年人，他们需要得到他人的尊重。如果教师能叫出他们的名字，他们会感到自己受到了教师的尊重，自然也会尊重教师，这就为思想政治理论课教学奠定了良好的基础。笔者在高校的调查表明，53%的学生认为教师应该记住学生的名字。学生很在意教师是否能叫出自己的名字，是否能记住自己。当任课教师叫出自己名字时，学生大都感到很吃惊，因为在他们看来，大学教师是不认识自己的学生的，尤其是每周2课时的思想政治理论课。所以，能记住学生名字，课堂教学就成功了一半。当然，对于大都是大班上课的思想政治理论课教师来说，做到这点有一定难度。教师可以利用点名、分组讨论的机会认识学生。

加强和学生的课外交流是建立师生情感的又一重要途径。教师不应上完课就离开，应在课堂外多和学生沟通，与学生交朋友，关心学生的全面成长。人是社会中的人，沟通是人与人之间交流的重要途径。教学是教与学的互动行为，这个特点决定了沟通在教学中不可忽视的地位。课堂的时间有限，对学生的思想政治教育不能仅凭课堂上45分钟，没有课外的师生交流收不到良好的教育效果，所以教师应该在课外加强和学生的沟通。比如，利用课前课后以及课间休息时间认识学生，了解学生的学习情况、学习要求、思想状况、兴趣爱好等。再者，教师可以通过手机短信、网络、电子邮件等方式和学生联系。这样的联系不仅能把课堂教学延伸到课外，而且能接触到学生更深层的想法，使思想政治理论教育有的放矢。这种交流还可以延续到课程结束以后，影响学生以后的生活和学习，真正实现思想政治理论课的育人功能。

要想在学生中有亲和力和吸引力，高校思想政治理论课教师还要注重塑造自己的教师形象。现代社会是一个文明礼仪社会，每个人都应该重视自己的言谈举止和穿着打扮，作为教师，面对众多学生的眼睛，更应该注重这些细节。教师的外在形象应该是打扮入时而不赶时髦，整洁大方，稳健热情。笔者多年教学实践的事实证明，讲台上一位衣着举止得体的教师比不修边幅的教师更能吸引学生，获得良好的教学效果。

教学实践告诉我们，在思想政治理论课教学手段现代化程度越来越高的今天，师生之间的真挚情感所引起的共鸣是任何一种多媒体技术都取代不了的，它所产生的感染力也是其他教学手段无法做到的。因此，思想政治理论课教师应该大大提高自己的情感素质和亲和力。

第五章

高校思想政治理论课实践教学模式

一、高校思想政治理论课实践教学模式的目标、原则和特征

（一）目标

明确教学目标是高校思想政治理论课实践教学成败的一个首要问题和基本问题，目标科学与否，直接关系到高校思想政治理论课实践教学成效，它既是高校思想政治理论课实践教学过程的各个环节、各个步骤选择和安排的直接依据，又是评价高校思想政治理论课实践教学活动效果的标准。

所谓高校思想政治理论课实践教学模式的目标，是指在一定的条件和环境下，在可控的前提下，在预测的基础上，人们对高校思想政治理论课实践教学所期望达到的结果。也就是要回答这样一个问题：通过高校思想政治理论课实践教学要解决什么问题以及解决到什么程度，同时科学地把握其内在各个方面相互之间的逻辑关联。

高校思想政治理论课教学实践、教学模式是以构建大学生的学习参与机制，形成"实践体验"，达到"知行一致"和"学以致用"为目标指向的。也就是说，通过高校思想政治理论课实践教学，使大学生亲身体验、主动探究现实生活中的问题，验证课堂上学到的理论知识、基本原理，并运用所学，研究、分析和解决问题，在"实际情境"中分辨是非，坚持理想信念，自觉砥砺品性，不断完善自我。具体来说，高校思想政治理论课实践教学模式的目标包括知识目标、情感目标、能力目标、教育目标和成才目标。

1. 知识目标

除了对学生进行马克思主义世界观和方法论的教育之外，还要使学生知道应在实践活动中获取哪些方面和什么样的感性知识，熟悉各种实践形式的操作流程，并在此基础上，加深对高校思想政治理论课的领悟和理解。具体来说，在实践中，不仅有必要针对具体实践对象，做深入细致的观察和调查，获取相关的感性材料，以帮助学生形成相应的科学概念和观念，更要通过高校思想政治理论课实践教学，使学生广泛接触社会，了解群众，亲身体验改革开放给国家面貌及人民生活带来的巨大变化，加深对国情、乡情、民情的了

解,从而加深对党的路线、政策的认识,坚定对社会主义的信念。

2. 情感目标

所谓情感目标,即学生喜欢什么、接受什么、厌恶什么、讨厌什么,也就是通过高校思想政治理论课实践教学活动,使学生在亲身体验的基础上,能在情感上有所触动,并内化成自己的思想,形成科学的态度与精神。比如,学生在实践中体验到了生活的清苦、工作的辛苦、创业的艰苦、挫折失败的痛苦,从而形成学生的意志品质及创业精神。又如,在科学理论指导下,在现实生活中,就能很好地引导学生形成正确的是非观和坚定的立场,促使其形成朴实的爱国爱民情感和居安思危的忧患意识,树立强烈责任心和历史使命感,并使之外化为真切行动。

3. 能力目标

高校思想政治理论课实践教学要帮助学生完成从书本到现实、从理论到实践的飞跃,学生各方面的能力都能得到很好的锻炼和提高,尤其要注重学生运用马克思主义理论认识、分析和解决现实问题的能力。在实践中,学生能接触到不少事物并积累到一定实际操作经验,学习和掌握一些技术和技巧,对组织能力、表达能力、写作能力、社交能力、观察能力、分析能力、辨别能力,甚至生存和生活能力的提高都大有裨益。同时,实践作为一种改造和探索活动,不仅能满足学生自觉、主动的求知诉求,还能充分激发其创造精神。这不仅是一个把已掌握的理论学以致用的过程,也是一个不断发现新问题、解决新问题的过程,还可能是一个提高理论认识并达到理论创新的过程。

4. 教育目标

此处的教育目标,专指高校思想政治理论课实践教学的"育人"功能,即寓教于行,以行育人,使学生在实践生活中认识社会、认识人生、接受教育、学会做人。在实践中,引导学生深入思考,运用辩证的方法分析各种问题,从而加深对马克思主义基本理论的理解,提高对党和国家方针、政策的认识,促进科学的世界观、人生观和价值观的树立,增强培养良好道德品质的自觉性,并引导学生正确面对"应该做什么,不应该做什么""做什么样的人,怎样做好这样的人"的问题。比如,高校思想政治理论课实践教学就是要让学生认识到劳动是光荣的,实践是有益的,为人民服务是崇高而神圣的,进而认识到我们的人生价值只有把自己的前途和命运与祖国及人民的前途和命运相联系才能实现。

5. 成才目标

所谓成才目标,是指充分发挥高校思想政治理论课实践教学优势,培养思想政治素质好、实践能力强、具有科学精神和创新精神的高素质的国家有用之才,为培养中国特色社会主义事业的建设者和接班人服务。高校思想政治理论课实践教学要使学生认识到在课堂上学的东西只有同现实结合解决实际问题,才能使自己真正成为有用人才。高校思想政治理论课实践教学活动,不仅使学生在身体力行中开阔了视野、增长了见识、获得了知识、发展了思维、保护了个性、培养了创新精神、锻炼了实践能力、巩固了劳动观念,尤其为学生提供了一个践行自己的思想情感、锻炼自己的意志信念、形成良好的道德品质的途径和方式,为当代大学生成为社会主义事业的建设者和接班人铺路搭桥。

高校思想政治理论课实践教学模式目标的各个方面,是一个相互依赖、相互联系的整体。目标的实现,是一个从无到有,从知到行,由近及远的发展过程。在这个过程中,以实践为中介和手段,将学生的知、情、意、行统一起来,在加强个体思想政治素养和提高各种能力的基础上,培养一代代合格的社会主义大学生,造就一批批有德有才的国家栋梁。

(二)原则

高校思想政治理论课实践教学模式除了要遵循一般的教学原则之外,还要遵循以下几个特殊原则。

1. 加强针对性,避免盲目性

高校思想政治理论课实践教学必须针对大学生的思想实际来确定教学内容和形式,不能盲目进行教学,不能搞"一刀切""全盘化",要有区别、有针对性地进行实践教学。

2. 增强实效性,避免形式化

高校思想政治理论课教学改革的重点之一在于增强教学的实效性,一是理论讲授能保证大学生愿意听、听得进;二是使理论教学能够内化为大学生的人生观、世界观和价值观,提高他们的思想道德品质,使理论成为指导他们行动的指南和方法论。要达此目的,高校思想政治理论课实践教学模式就不能搞形式主义,不能只讲"轰轰烈烈",不讲"实际效果"。

3. 追求时效性,避免过时性

与时俱进是马克思主义的理论品质,也是高校思想政治理论课实践教学的主要特征。高校思想政治理论课实践教学必须反映现实社会的发展,体现时代特征,要使大学生感到理论与实际没有脱节,没有过时,能够指导自己的实际学习和生活,而不是认为高校思想政治理论课实践教学模式没有什么用,都是一些老的俗套。

4. 坚持灵活性,避免僵化

大学生正处于人生观、世界观和价值观的形成时期,他们的思想尚未完全成熟,心理特点也不稳定,情绪容易波动,但是大学生的思想和感情丰富多彩,可塑性极强,而且容易接受新生事物,对校园外的世界充满好奇,这既给高校思想政治理论课实践教学提供了有利条件，也对高校思想政治理论课实践教学提出了挑战。因为大学生的思想实际不是一成不变的，而是多变的，所以，高校思想政治理论课实践教学形式要灵活多变，适应大学生的思想实际和特点，否则，容易使大学生产生厌烦心理。总之，高校思想政治理论课实践教学模式要坚持灵活性，避免形式僵化。

（三）特征

高校思想政治理论课实践教学模式具有自己独特而鲜明的特征。

1. 避免说教性，突出参与性

高校思想政治理论课实践教学模式将深刻的理论思维与鲜活的感性体验相结合，通过强烈的现场参与感，触发和增强理论思维的兴奋点，而不是"空洞"的说教。高校思想政治理论课实践教学模式具有内容上的直观性和对象上的互动性。高校思想政治理论课教学的内容、形式及取材不再是刻板艰涩的概念、判断、推理等逻辑形式和逻辑演绎，而是活生生的事实、图像和景观以及真切实在的亲身体验，这种教学形式可以达到"润物细无声"的理想教学境界。高校思想政治理论课实践教学模式突出学生的参与性，彻底改变学生被动接受的学习地位，使其积极主动地融入甚至决定、主导整个教学环节，充分张扬现代教育所要求的学生主体地位，体现现代教育发展的趋势。

2. 打破强制性，强调自主性

高校思想政治理论课实践教学模式打破了传统课堂教学注入式的强制性，更强调活动主体的自主性，强调学生的主体地位和主观能动性。高校思想政治理论课实践教学模式下教师大多进行的是协助式、筹划式、组织式教学，学生在教师的指导下自主组织安排实践教学活动。学生可以根据自己的能力水平、兴趣爱好、专业特长等自主选择活动项目，确定自身角色，自觉、自愿参与其中。这体现了学生不仅是教育教学的对象，而且是学习的主体，是有思想、有感情的主体。

3. 突破有限性，具有广泛性

高校思想政治理论课实践教学模式突破了传统课堂教学在时间和空间上的有限性，使高校思想政治理论课实践教学模式具有广泛性。随着社会主义市场经济体制的进一步确立及全球化冲击，传统高校思想政治理论课的教学方式与现实社会发展的矛盾日益显现，有限性的教育教学不仅不能满足教育教学对象的需要，还大大降低了教育教学的实效性。高校思想政治理论课实践教学模式应运而生，它具有广泛性，不仅可以在课堂上进行，还可以在课堂外进行，不仅可以在校园内进行，还可以在校园外进行，甚至可以在虚拟的世界中进行模拟实践教学。

4. 冲破同一性，富于灵活性

课堂教学的目的是按计划要求使以系、班为单位的学生大体同步发展，同时达到国家统一规定的教育教学标准，这是需要在高校思想政治理论课实践教学中得到保证的。但是，由于学生个体的心理、心理素质、知识能力、志趣爱好等方面各有差异，仅靠课堂教学来达到此目的具有很大的局限性，对早期发现和培养各类优秀人才是不利的。高校思想政治理论课实践教学模式冲破了这种课堂教学规定中的同一性，克服其局限性，在各种实践活动中培养学生的智力、发展其特长、提高其技能及技巧，从而使其潜在能力和专长得到充分发挥，有利于培养开拓型、创新型、复合型人才。高校思想政治理论课实践教学模式可以克服时间和空间的限制，可因时而宜、因条件而宜，有选择地进行有效的教学活动，富有极大的灵活性，能够增强高校思想政治理论课教学的实效。

二、高校思想政治理论课实践教学模式的分类及所需条件

笔者以大连民族学院江远教授在这方面的研究为例进行具体介绍。

（一）分类

根据实践教学利用的手段、方法和形式不同，高校思想政治理论课实践教学模式主要分为四大类，即社会实践类、语言表达类、音像图书类、课堂延伸类。

1. 社会实践类

这是在理论教学的基础上，以社会为课堂，安排大学生参加社会各项活动在社会活动中获得社会生活中的各种信息，并且利用学习的马列主义立场、观点、方法进行观察、分析，从而加深对所学的马克思主义基本理论的理解和认识，提高利用科学观点分析问题和解决现实问题的能力，端正对各种社会问题的认识，进而建立科学的世界观、人生观和价值观。社会实践类主要包括实地参观、社会调查、参加社会活动等。

2. 语言表达类

是指在进行理论教学过程中根据教学的内容，有针对性地安排学生进行语言表达活动。其具体形式主要包括课堂讨论、论文写作演讲报告、师生对话、辩论、知识竞赛等。通过活动发挥他们口语和文字的表达能力，调动学生思考问题的积极性和思维的创新性，提高理论联系实际、学以致用的能力，进而提升大学生的政治思想素质和科研能力。

3. 音像图书类

这是在理论教学过程中，运用现代化教学手段和学生阅读图书资料的形式进行的教学活动。其主要形式包括录音录像、电影、多媒体教学、计算机网络教学、幻灯投影、读书

活动等，为的是适应社会信息化和电子新技术发展的形势。其优势是形象生动有感染力，声像并用具有震撼力，内容丰富，信息量大，充分发挥大学生眼看、耳听、脑动的作用，提高学生学习的热情和兴趣，帮助学生领会现代科技优势，热爱科学崇尚真理。

4. 课堂延伸类

这是在开展课堂教学的基础上，利用学生课余活动，开展与高校思想政治理论课教学相关的有意义的活动。主要形式包括业余理论学习小组、党校校班会、主题教育活动、学习交流、专题讲座、假期社会实践等。这类活动把校内、校外两个课堂结合起来，把理论教育贯穿到学生业余活动中，形式丰富、内容突出，调动学生的自主学习意识，积极开展自我教育，是高校思想政治理论课课堂教学的继续和补充。

（二）所需条件

1. 社会实践类实践教学所需要的条件

（1）资金

主要有交通费、食宿费、通信费，实践单位人员的讲课费、指导费，教师的补助费。如果建立教学基地，还需要建设费，如洽谈会议费、基地牌匾、宣传费等。

（2）人员

一般由任课教师主持安排、策划、联系和带队。由教研室安排其他教师给予配合，协助联系交通、食宿、维持秩序和安全。还可以聘请学生工作干部或政工干部参加，辅导和批阅学生作业。为了做好宣传，可以安排媒体拍照、录像和报道。

（3）设备

必要的交通工具和通信工具；照相机、录音机、录像机、手提扩音器；学校标志的队旗等。

（4）教学地点、课时

应当建立比较固定的实践教学基地，有固定的教学地点、内容和指导老师。为了达到教学目的，应当有课时的保证，一般的实地参观（一项主题）可以安排半天或1天；社会调查可以视内容安排1~3天；参加社会活动情况比较灵活，小型活动安排半天或1天（如参加法庭庭审、去敬老院服务、参加地方人代会、一般的劳动等），大型活动安排2天以上（如学工、学农、学军、科技文化下乡、生存锻炼等）。

2. 语言表达类实践教学所需条件

此类教学花费资金较少，视情况可能需要少量的奖品费、教师辅导费、会场布置费、宣传费（出板报、录音录像、拍照等）。地点可以选在教室，也可以安排在俱乐部、礼堂、校园或有纪念意义的现场。设备视情况需要用扩音器、照相机、微型摄像机、抢答器等。

人员一般由任课教师安排，时间每次一般在 2 小时左右。

3. 音像图书类实践教学所需条件

此类教学需要一定的费用，如购买音像材料费、教学软件费、制作费、电影费、教师补贴等。地点一般在有电化教学能力的场所。设备方面需要多媒体播放设备、图书等。人员主要是任课教师，课时视教学需要而定。

4. 课堂延伸类实践教学所需条件

这一类实践教学内容形式比较多，需要条件可以参照上述情况而定，但为了调动学生的积极性，必须给予基本保证。在资金、场地、设备等方面，学校的学生工作部、团委、分院要有计划地协助解决，保证大学生的课堂延伸实践活动开展得更好。

三、高校思想政治理论课实践教学模式的操作程序

概括地讲，高校思想政治理论课实践教学模式的操作程序是由目标确立、计划制订、类型选择、组织管理和总结考评等若干环节相互联系构成的操作系统。

（一）教学目标的确立

教学目标是教学活动预期要达到的结果，它在内容上是对实践教学结果的超前反映。在高校思想政治理论课实践教学中，目标的确立是教学活动的首要环节，也是高校思想政治理论课实践教学活动的出发点和归宿。它不仅制约高校思想政治理论课实践教学的设计方向，也决定高校思想政治理论课实施教学的基本步骤、形式方法和评价管理。因此，开展高校思想政治理论课实践教学活动必然先确立目标。

首先，要制定高校思想政治理论课实践教学的总体目标，即在思想观念上明确实施高校思想政治理论课实践教学，从根本上解决什么问题，达到什么样的效果。其次，制定高校思想政治理论课每门课程实践教学的具体目标，即明确针对某门课程教学内容开展的实践教学的预期效果。具体目标的确立力戒抽象性和笼统性，要在内容上具有针对性，在操作上具有可行性。

（二）教学计划的制订

高校思想政治理论课实践教学是一种有目的有计划的活动。目标确立之后，就要依据所设定的目标制订高校思想政治理论课实践教学计划。高校思想政治理论课实践教学计划是开展高校思想政治理论课实践教学过程以及实现其目标预先拟定的具体方案，它不仅是保证高校思想政治理论课实践教学的科学性、规范性和连贯性的重要环节，也是保证教师

对实践教学活动过程的主导性、针对性、可控性的必要条件。制订高校思想政治理论课实践教学计划,首先,要反映教学活动的针对性,这是高校思想政治理论课实践教学的本质要求,主要体现为明确的教学目的以及要求的制定,具体的教学内容的选择,整体的教学总结与考评和教学过程的指导与反馈。其次,要反映实践活动的具体性,这是高校思想政治理论课实践教学的形式要求,主要体现为实践教学方式的择用,实践教学地点的选定,实践教学时间的安排等。

(三)教学方式的选择

高校思想政治理论课实践教学方式(类型)是高校思想政治理论课实践教学活动开展和实施的基本要素,是高校思想政治理论课实践教学模式的形式表现,它关系到教学实践的展开和教学意义与价值的展现,是提高高校思想政治理论课实践教学活动效率的重要条件。

选择高校思想政治理论课实践教学方式(类型),首先,要以教学规律和原则为依据,体现高校思想政治理论课实践内容的教学特点。其次,要以实践特征和要求为标准,体现高校思想政治理论课教学内容的实践特点。最后,要以实现高校思想政治理论课教育教学的功能为目的,体现高校思想政治理论课实践教学的针对性、适用性和实效性。

(四)教学的组织管理

高校思想政治理论课实践教学的运作有赖于有效的组织管理系统。实施高校思想政治理论课实践教学,首先,要加强高校思想政治理论课实践教学的组织领导工作,这是高校思想政治理论课实践教学运作的基本组织保障,体现为高校思想政治理论课实践教学组织管理机构体系的建立、高校思想政治理论课实践教学的基地建设、高校思想政治理论课实践教学的教师队伍建设、高校思想政治理论课实践教学运作经费的保障等。其次,要加强高校思想政治理论课实践教学的制度建设,这是高校思想政治理论课实践教学运作的规范力量,体现为完善高校思想政治理论课实践教学的各个环节及其要求,实施正规明确的高校思想政治理论课实践教学管理制度与规范等。再次,要加强高校思想政治理论课实践教学过程与教学效果监控体系建设,这是保障高校思想政治理论课实践教学活动规范性和实效性的重要形式和条件。在对高校思想政治理论课实践教学活动的组织管理过程中,需要注意的问题是,一方面要充分体现学生的主体性,在实践活动中培养和锻炼他们的自我管理能力;另一方面要充分发挥教师作为组织者、管理者的主导作用,以保证高校思想政治理论课实践教学的有序运行。

（五）高校思想政治理论课实践教学的总结和考评

高校思想政治理论课实践教学的总结反映师生在其活动过程中的直接认识，考评则是对实践结果的检验。虽然总结和考评是高校思想政治理论课实践教学活动的最后一个环节，但它对促进各个教学环节不断地协调发展和有效运行具有直接而重要的作用。首先，总结在教学活动中体现为对教学结果的成败、教学内容与教学方式结合的优劣、教学目标与计划及组织管理实施的好坏等的总体评价认识。其次，考评在教学活动中起着客观总结的作用。高校思想政治理论课实践教学的考评不同于课堂知识学习的测验和考试，考评的功能由侧重甄别主体转向侧重主体发展考评不仅体现重视主体解决教学问题的结论，而且重视得出结论的过程以及主体在实践过程中的行为表现。

第六章

高校思想政治理论课主题教育

我国社会主义建设已进入新的发展时期,新时代成为代名词,各项建设在新时代都取得了巨大发展,特别是大数据和供给侧改革思维对方方面面都产生了不小的影响,高校在此大环境和形势下理应随形势的发展,采取相应的思想政治教育对策。当然,在思想政治教育过程中,许多有意义的传统做法也应延续,发挥思想政治教育功能。

"红色文化"是中国共产党带领人民大众在抗战救国的艰难斗争中谱写出来的大无畏的爱国主义精神和革命主义精神。虽然我们处在和平发展的时代,但是中国独具特质的红色文化将指引我们不忘初心,砥砺前行,珍惜、发展先辈们留给我们的伟大事业,为大学生思想政治教育添砖加瓦。

一、"红色文化"的含义

"红色文化"是独具中国特色的文化,是中国共产党人在长期的革命实践中所表现的精神品质。我国具有丰富的红色文化资源,是中国共产党领导中国人民在新民主主义革命时期创造和形成的,可以为我们今天开发、具有当代价值的革命精神和物质载体。自中国共产党成立以来,中国共产党领导中国人民在革命战争年代、社会主义建设年代以及改革开放新时代,开展的对新时代国家与社会发展有正面借鉴意义的全部革命活动、建设活动及思想结晶的文化遗产,既包括革命精神及其载体,也包括社会主义建设实践的经验及其总结。具体可分为物质文化资源与非物质文化资源,物质文化资源以革命遗址、遗迹、伟人故居、历史纪念馆、博物馆等为代表,非物质文化资源包含革命精神、红色诗歌、红色电影等内容。

二、"红色文化"与大学生思想政治教育之间的关系

"红色文化"是中国共产党宝贵的精神财富,是我们进行思想政治教育的宝贵资源。"红色文化"是大学生思想政治教育的重要资源和载体。学习"红色文化",有助于大学生思想政治教育目的的实现。

（一）"红色文化"是大学生思想政治教育的重要资源

首先，"红色文化"无论是在物质层面还是精神层面，都能够作为大学生思想政治教育的重要资源和重要内容。"红色文化"作为大学生思想政治教育的重要内容，对大学生世界观、人生观、价值观、政治观、法治观以及道德观的教育都有良好的引导作用。

其次，"红色文化"作为中华民族特有的文化，有无与伦比的先进性。不管是在革命战争年代还是和平建设时代，都具有良好的思想政治教育功能。将"红色文化"融入思想政治教育，不仅有利于"红色文化"的继承与发展，而且有助于思想政治教育目的的实现。

最后，"红色文化"蕴含了思想政治教育的主要内容。"红色文化"是一种具有正能量的先进文化，它不仅体现对马克思主义的坚守、对社会主义和共产主义理想的向往，是社会主义核心价值观的重要组成部分，也是建设社会主义核心价值观的重要资源。它继承和发展了民族精神，是维护国家安定、民族团结和坚持共产党领导的精神武器。"红色文化"所蕴含的爱国主义、集体主义、社会主义、共产主义、无私奉献、艰苦奋斗、自强不息、群众理念以及为人民服务等理念，是指引人们向善的道德指南和行动向导，有利于帮助人们树立正确的世界观、人生观、价值观。最重要的是，"红色文化"中所包含的感人事迹、历史文物的遗存，都能成为思想政治教育的生动资源。

（二）"红色文化"是进行思想政治教育的重要载体

在社会转型和发展的新时期，社会环境和人们的思想也发生了一些变化，但是无论社会怎样发展，始终离不开优秀的文化根基。"红色文化"是大学生思想政治教育的重要载体，有助于大学生更好地了解党和国家发展的历史，体会到爱国志士的崇高精神，明白党和国家的方针和政策，促进社会主义主流文化和意识形态的发展，使大学生坚定社会主义政治信仰，更好地树立大学生践行社会主义核心价值观，以便大学生积极地拥护国家的政策，将来主动地投入社会主义的伟大建设中。

党的十九大报告指出："文化自信是一个国家、一个民族发展中更基本、更深沉、更持久的力量。必须坚持马克思主义，牢固树立共产主义远大理想和中国特色社会主义共同理想，培育和践行社会主义核心价值观，不断增强意识形态领域主导权和话语权，推动中国优秀传统文化创造性转化、创新性发展，继承革命文化，发展社会主义先进文化，不忘本来、吸收外来、面向未来，更好构筑中国精神、中国价值、中国力量，为人民提供精神指引。"大学是培养新一代人才的摇篮，大学生在大学受到的教育将影响他们一生。思想政治理论课程是大学的必修课程之一，学习这门课程的目的是让大学生更透彻地了解党的指导思想和执政理念。近年来，由于市场经济的发展以及经济全球化的到来，各种思潮、形形色色的思想层出不穷，我们的民族文化和传统美德没有得到很好的继承和发展。针对这种现象，将"红色文化"融入大学思想政治教育刻不容缓。

"红色文化"无论是在物质文化还是非物质文化方面，都能够成为思想政治教育的重要载体。红色文化知识能够成为大学生生动的教材，红色文化精神能够成为大学生的精神依托。而物质文化留给我们的有红色革命遗址、战争实物、革命纪念品、纪念地以及博物馆、纪念馆、烈士园林等，参观游览这些实物，能够让大学生感受历史，切身体会到中国共产党带领人民进行革命的艰辛，通过主客体的相互作用，更好地提高大学生思想政治觉悟。在今天，这些历史的纪念地仍然被保护并且得到了很好的修缮，许多地方还有对革命历史的讲解。参观这些地方不仅能够丰富历史文化知识，而且能够用科学的马克思主义信仰武装大学生头脑，使共产主义永远成为他们前进的指路明灯，能够学习其思想价值，更好地引导大学生世界观、人生观、价值观向正确的方向发展。

现在的大学生生活在幸福的和平年代，没有硝烟和战火，难以深刻体会到革命烈士的艰辛。饮水思源，我们今天的幸福都是烈士用生命和鲜血换来的，通过参观这些革命遗址、烈士园林、纪念馆等能够让大学生更好地感受"红色文化"，使广大学生不忘初心，继往开来。重新挖掘红色文化资源，充分合理地利用红色文化资源，对大学生的理想信念教育产生积极作用，使大学生在感受"红色文化"魅力的同时，传承红色文化基因。

中国共产党在条件极为艰苦的战斗岁月里，领导各族人民进行顽强的斗争，在祖国的许多地方都留下了极为珍贵的红色文化资源。从中国共产党的诞生地上海到人民军队的诞生地南昌，从革命摇篮井冈山到革命圣地延安，从革命转危为安的历史转折地遵义到解放全国战役的指挥中心西柏坡，再从红色故都瑞金到共和国首都北京，祖国的大江南北处处树立着革命的丰碑。目前，国家级的爱国主义教育基地有两百多个，各省、市、县都有"红色文化"教育基地，这都是革命先烈留给我们的宝贵精神遗产。

三、"红色文化"教育融入当代大学生思想政治教育的途径

目前，大部分高校对"红色文化"的引进仅停留于理论教育之上，在实践和网络的教育途径上亟待发展，怎样做到理论与实践相结合以及如何更好地利用网络来学习"红色文化"值得重视。

（一）加强"红色文化"的理论教育

"红色文化"作为革命文化，不仅能够使大学生爱党、爱国，而且能够使大学生树立正确的人生观、价值观和世界观，给大学生更多的知识武装以及充满活力的正能量。"红色文化"所承载的培育爱国情怀、传播先进文化、塑造良好人格、弘扬社会正气的文化内涵，无疑是引导当代大学生坚持先进文化前进方向、塑造优秀思想品德的生动教材。"红

色文化"是大学生良好的精神食粮,是大学生思想政治教育的必要内容。

为了使"红色文化"更好地融入大学生的校园生活,就必须突出主体。只有把握好主体,找到针对的方向,才能够对症下药,最终达到理想的效果。大学生作为接受"红色文化"知识的主体,应该自觉地、积极地、主动地接受"红色文化"的熏陶,才能真正地体会"红色文化"的精神内涵。因此必须突出大学生主体,才能使"红色文化"融入大学生思想政治教育,达到预期的效果。"红色文化"走进校园,目的是提高大学生的思想道德素质,实现大学生全面健康发展。

外在力量的引导固然很重要,但是想要更稳固地、更长久地发展,还需要大学生主体的自主学习和领悟。"红色文化"走进校园,融入大学生的实际生活中,能够潜移默化地对大学生产生影响,循序渐进地提升他们的思想道德素质,大学生在这种文化氛围的熏陶下会由被动地接受变为主动地学习。为此要充分地了解大学生的实际需求,把握大学生自身的特点和成长发展规律,尊重大学生的主体地位,才能够更好地实现对大学生思想政治教育的效果。为了使"红色文化"更好地发挥其应有的作用,更好地使大学生主动了解"红色文化"、接受"红色文化"、弘扬传播"红色文化",必须从"红色文化"进校园、进课堂、进头脑三个方面入手,才能将"红色文化"融入大学生思想政治教育中。

(二)做好"红色文化"的实践教育

1. 开展红色文化之旅体验活动

当代大学生思维活跃,接受信息的能力强,对世界有自己的认识和看法,特别反感老师枯燥的说教。将"红色文化"融入大学生思想政治教育,不能仅仅利用第一课堂的教育资源,还应该积极开拓第二课堂的社会实践资源。仅仅停留于课堂教育不能够达到预期的效果,所以在平时的生活中也要进行潜移默化的教育,即开展红色文化之旅活动。将课堂学习与课下参观游览红色文化遗址结合起来,能够对大学生思想政治教育取得更好的效果。在组织大学生游览参观红色文化纪念地之前,教师应该提前简略地介绍活动的基本内容、历史背景以及其中所蕴含的红色文化精神,从中提出问题,让学生们带着问题去参观学习,最后写出自己的心得体会,更好地加深对红色文化精神的认识和理解,达到强化思想政治教育的效果。在旅游的过程中,大学生要多与当地红色旅游的管理人员交流,多听导游和讲解员的讲解,自己多加学习。教师也可以在当地进行革命知识的讲解,鼓励大学生多做红色旅游志愿服务。

通过"红色文化"的洗礼,以先辈为榜样,将革命先辈的风范、情操、气节"种"在大学生心田,培养大学生勇于面对挫折、战胜困难的意志和品质。从遵循大学生的身心特点和教育规律出发,融诚信教育、传统美德教育、文明习惯养成教育、荣誉观教育等于一体，用丰富的德育内涵推动校园多样性文化活动的开展。通过形式多样的"红色文化"活动，吸引各层次学生广泛参与，在活动与交流的过程中接受"红色文化"教育，逐步养成爱党爱军、诚实守信、艰苦朴素、勤奋学习、勇于创新、乐于奉献的优良品格。

2. 开展丰富多彩的"红色文化"宣传活动，增强"红色文化"的魅力

把"红色文化"融入大学生生活中，应该注重积少成多，增强教育的实效性。例如高校可以定期组织大学生欣赏"红色文化"影视剧，组织开展"红色文化"的社团活动，排练"红色文化"相关话剧活动，举办"红色文化"演讲比赛，开展"红色文化"知识讲座等。

网络的快速发展为"红色文化"的宣传创造了条件。我们要加强网络内容建设，做强网上正面宣传，培育积极健康、向上向善的网络文化，用社会主义核心价值观和人类优秀文明成果滋养人心、滋养社会，做到正能量充沛、主旋律高昂，为广大网民特别是青少年营造一个风清气正的网络空间。"红色文化"作为大学生思想政治教育的重要资源，不仅能够营造良好的网上文化氛围，还能够使大学生接受社会主流意识形态，提升自身素质。利用网络进行"红色文化"思想政治教育可以从以下两方面入手：

其一，加强"红色文化"教育的网络平台建设，充分发挥其在大学生思想政治教育中的重要作用，积极打造高校红色网站的品牌效应。在制作红色文化网站时要迎合当前大学生的思想动态和精神文化诉求，使大学生主动对红色文化网站产生浓厚的兴趣爱好，将校园文化和优秀大学生事迹融入其中，吸引大学生的注意力。与此同时，在红色文化教育平台开展一系列有奖知识理论竞赛、红色网络游戏比赛、网上红色文化遗址参观，增强网站的趣味性和吸引力，使大学生乐于参与其中进行学习和思考，真正领悟其中的内涵和精华。

其二，利用微信、微博、QQ等网络平台对大学生进行"红色文化"教育。在这些平台上拟定一些与"红色文化"相关的题目，让大学生参与进来互动和学习，增强"红色文化"的宣传和教育效果。

可见，"红色文化"和大学生思想政治教育可以很好地结合，并发挥巨大教育作用，对提升大学生思想政治教育的实效性大有帮助。

参考文献

[1] 朱丽霞. 课程思政视域中的思想政治理论课"三合一"实践教学模式研究[M]. 武汉：武汉大学出版社，2021.

[2] 崔海波，高红艳. 地方高校转型发展背景下思想政治理论课教学模式创新探究[M]. 长春：东北师范大学出版社，2017.

[3] 董前程. 高校思想政治理论课教学模式改革研究[M]. 北京：中国社会科学出版社，2018.

[4] 房玫，汤俪瑾，黄金满. 思想政治理论课教学过程的优化[M]. 芜湖：安徽师范大学出版社，2018.

[5] 高东，孟宪东. 应用型大学思想政治理论课教学模式研究[M]. 北京：中国政法大学出版社，2007.

[6] 顾永新，刘萍丽. 高校思想政治理论课实践教学案例研究[M]. 西安：西北工业大学出版社，2019.

[7] 华学成，王红艳，张琴. 高校思想政治理论课理论与实践一体化教学模式研究[M]. 徐州：中国矿业大学出版社，2014.

[8] 康树元，秦光银，高再秋. 高校思想政治理论课教学策略探微[M]. 天津：天津大学出版社，2017.

[9] 李芳. 高校思想政治理论课教学方法科学化研究[M]. 北京：中央编译出版社，2019.

[10] 刘峰. 思想政治理论课研究性学习的教学改革模式研究[M]. 延吉：延边大学出版社，2018.

[11] 刘红. 高职思想政治理论课实践教程[M]. 北京：北京理工大学出版社，2017.

[12] 吕春艳. 供给侧改革思维下高职高专思想政治理论课实践教学模式研究[M]. 西安：西北工业大学出版社，2017.

[13] 吴卫东，安慧玉，宋阔，等. 高校思想政治理论课实践教学模式研究与实践——基于

哈尔滨学院思想政治理论课"三统四有"实践教学模式探索[M].长春：长春出版社，2018.

[14] 谢有长，宁陶.高校思想政治理论课开放性教学模式研究[M].北京：现代出版社，2019.

[15] 辛源.大学生思想政治理论课认同研究[M].北京：中国商务出版社，2018.

[16] 张百顺，齐新林.思想政治理论课教学与人格教育和谐发展[M].武汉：华中科技大学出版社，2019.

[17] 张加才.高校思想政治理论课实践教学模式研究[M].北京：中国民主法制出版社，2016.

[18] 赵丽君.高校思想政治理论综合实践课教学探研[M].延吉：延边大学出版社，2019.

[19] 周利生，李正兴.高校思想政治理论课教学改革探析[M].北京：光明日报出版社，2018.

[20] 邹宏秋.高校思想政治理论课教学模式研究[M].北京：中国金融出版社，2016.